# ワンダーランド ブラジル

5つのエリア 未知なる素顔と7つの魅力

ブラジル研究者
田所清克
歌人
玉川裕子

角川書店

# ワンダーランド　ブラジル

5つのエリア　未知なる素顔と7つの魅力

# まえがき

早朝の職場に、毎時ニューヨーク相場とロンドン相場のファクスが来る。コーヒーは先物取引だ。１９９０年代、数字とアルファベットと生豆に向きあっていた私の場合、生産現場からの情報が極めて少ないと思うようになった。

ブラジルにコーヒー鑑定という仕事がある。鑑定士が現地で行う生豆の格付けやカップテスト、その現場を知りたい。たったそれだけの理由だった。

コーヒー鑑定士についての情報が皆無に等しい当時、手探りの情報収集のさなか「ブラジル民族文化研究センター」という道標を、偶然見つけたのは幸運としか言いようがなかった。門標をくぐり、木蓮の庭を通り抜けた先にその館は建っていた。白い枠のガラス扉の向こうへ、一歩踏み入るとそこには小さなブラジルがあった。

号数のわからないほど大きいパンタナル大湿原の水彩画が迎えてくれる。そして、壁一面の造り書棚の奥に、ブラジル研究に取り組む田所清克の姿があった。それが私たちの最初の出会いのように思う。

そこには多くの資料や文献があり、研究センターはまるで解放された書斎のようだった。たちどころに目の前が拓かれていく。その日を境にしてコーヒー鑑定士の情報を得る多くの機会に恵まれるようになり、準備期間を経たその翌年、わたしはブラジルのサントス商工会議所で開講されるコーヒー鑑定士の講習会に参加が叶う。

講習会では講義や実習のほかに、コーヒー工場などの見学があり体験を通して得ることの多いフィールドワークの価値をしみじみ知ることになった。同時に、ブラジルという国に惹かれるにつれてアマゾン秘境やパンタナル大湿原などに足を運び、次第に短歌の題材も広がっていく。コーヒーから文学へ、わたしにとっては途方もない構想が短歌という日本固有の文芸との遭遇によってその一歩を踏み出すことができたように思う。香りの文化ともいわれるこの飲み物への想いを呟きながら短歌との境界に近づきたい。

この度、私たちの願いが叶って本書を上梓することが出来た。「ブラジル」と「コーヒー」という接点で出会って以来、気付けば二十年が経っていたがその間、しばらく音信が途絶えた時期もあり、また偶然の再会など、機会あるたび情報交換を行いながら、いつか一冊の本を共著で編みたいと、そんな話をしていたように思う。

ブラジルを介して、語るには難しい深い感慨から生まれた本書は、学術的視座からの根拠に基づき地域の特徴や文化を読み解いた田所執筆の本文に玉川の短歌とコラムがコラボするユニークな形になっている。とくにコラムは、体験を通した心の風景などをやさしい文章であらわすことを試みた。異質ではあるが共著として世に問うことができたのは、ブラジル地域研究を研究領域とする田所と、コーヒー研究をテーマとする玉川の基本的姿勢がフィールドワークにあるという共通性によるものだろう。その一方で、二人が独自の視点からの観察によって捉える風景の差異にも注目していただくと面白いかもしれない。

南米大陸で約半分の国土を占めるブラジルは、まだまだ未知の世界だ。まさにワンダーランドである。その内包した様々な文化、歴史、地理などの一部を、この国の形とともに些かなりとも共有できることを願ってやまない。

本書を通して、赤道の遥か彼方ブラジルまで読者の皆様をお誘いできれば私たちにとって最高の喜びであり、ブラジルをこよなく愛する一研究者とコーヒー鑑定士を目指した一歌人という異色の二人が歩んだ二十年間の記録を辿っていただけると幸いである。

玉川裕子

２０１９年７月吉日

目次

## 第2章　即興詩人が吟う芸術と文化の宝庫「北東部」



## 第3章　メガロポリスをかかえる産業と文化の中心地「南東部」

# II部 ブラジル7つの魅惑、人を惹きつける磁力

## 第6章 ブラジルコーヒー

装幀・本文デザイン　南　一夫
写真　田所清克、玉川裕子

# 序章　アマゾンの神秘

～地下を流れるもうひとつのアマゾン河～

アマゾンの河底ふかく巨大なる泥の川なる水脈がある

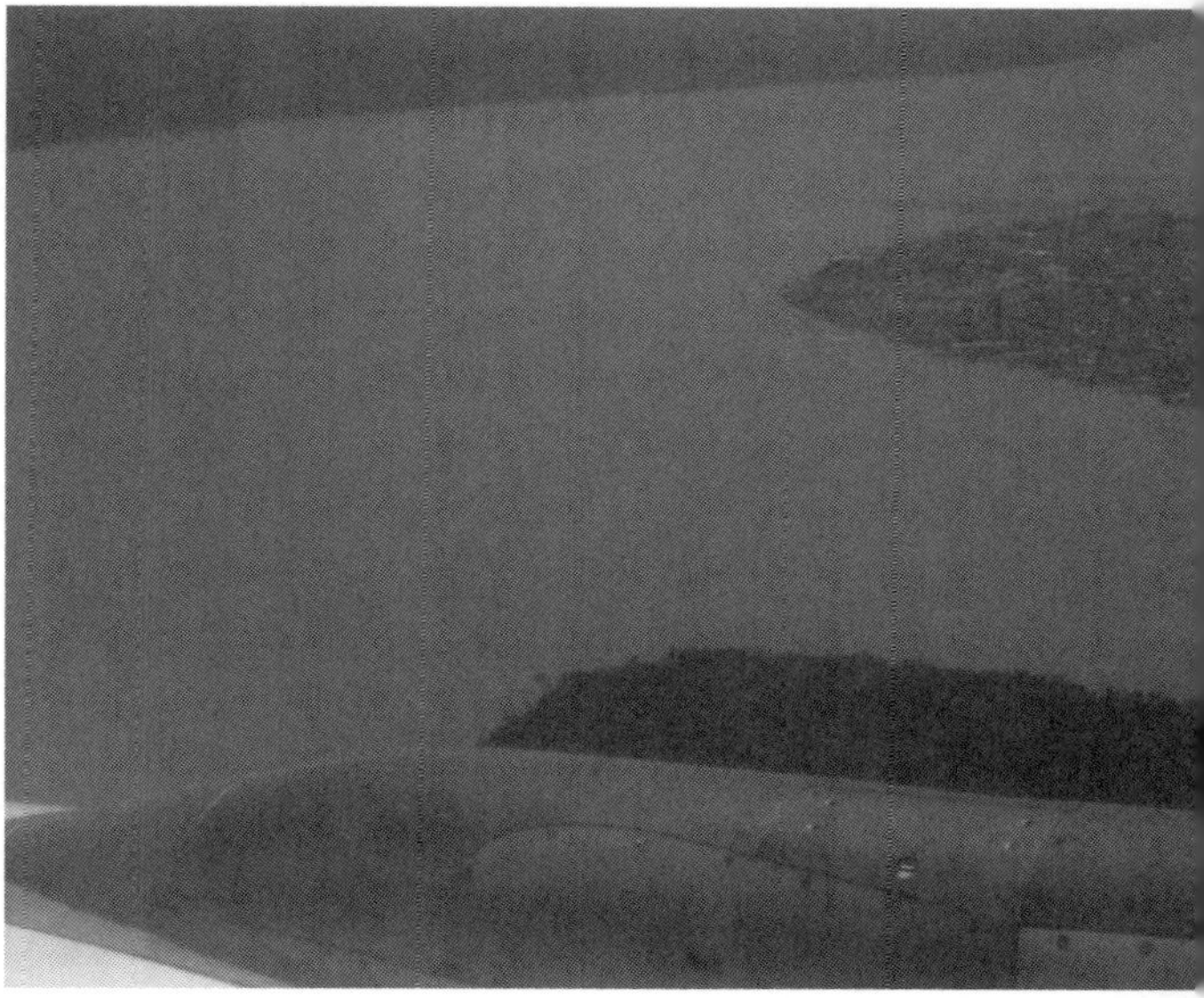

corre 2 000 metros abaixo do Amazonas e tem mais volume que o São Francisco

A peratura e o movimento dos sedimentos no subsolo da Amazônia, aproveitando perfurações feitas para poços de petróleo, cientistas do Observatório Nacional fizeram uma descoberta surpreendente. Abaixo do Rio Amazonas, a 2 quilômetros de profundidade, corre outro rio gigante. Com volume superior ao do Rio São Francisco, ele é alimentado pelas águas da Bacia Amazônica e das chuvas

lenta, já
mentos.
para pe
fluxo nã
convenc
tensão
água", e
da Univ
principa

## AS DIFERENÇAS ENTRE OS GIGANTES

驚くべき発見　もうひとつの巨大な河

アマゾン河の地下2000メートルをサン・フランシスコ川の水量にもまさって流れる川が発見される。

（2011年8月25日エスタード・デ・サンパウロ紙）

（訳文）「アマゾン河の油田を掘削しながら、温度変化や地下沈殿物の動きを研究していた国立観測所の科学者たちが、アマゾン河の下（底）2キロの深さを流れるもうひとつの大きな川があるという驚くべき発見をした。ブラジル北東部を流れるサン・フランシスコ川（編集部注：南米第四の川）の水量をはるかに超えるボリュームで、アマゾン河流域の水と土壌によって吸収された雨水をかかえている。その地下水は実にアマゾン河の約4倍の大きさの河だ。全長約6000キロで、岩石と沈殿物の隙間を流れているため、表面の川（アマゾン河）とは逆に、その流れは穏やかだ。それらの水は、一年にかろうじて10～100メートル流れるのみ。その流れは通常の河川のような水源をもたない。全域に亘って一定の水量がある」とアマゾン連邦大学の科学者でこの研究を引っ張るElizabeth Pimentelは解説している。

（田所・玉川共訳）

右の新聞記事は、2011年8月25日にブラジルの「エスタード・デ・サンパウロ紙」で報じられたものだ。何度も訪れているアマゾン河の地下2000メートルに、サン・フランシスコ川の水量を超える川が流れているという。この事実を知った当時、「俄かに信じがたい」が本音だった。その後、この驚くべき発見について、田所は地域の講演や大学の講義で何度か取り上げ紹介している。日本のメディアでも一部報じられてはいるが、意外に知られていない。

劈頭《へきとう》の短歌には、ブラジルを語る第一歩として、玉川がこれまで歌誌「未来」に出詠した中からこの一首を選んだ。

# I部　ブラジル5つの地域、知られざる素顔

# 第1章
# アマゾンの神秘的大自然が旅人を魅了する「北部」

開発に揺れるアマゾン有限の資源秘めいる緑の魔境

# 一、北部の特徴と魅力

## 北部地域のあらまし

北部は5つの地域のなかで最も広大で、ブラジル国土のほぼ半分（45・26％）を占める。対する人口はこの国の全人口の6・49％に過ぎない。7つの州、すなわちアクレ、アマゾーナス、アマパー、パラー、ロンドーニア、ロライマ、トカンチンスの各州からなる。アマゾーナス州はブラジル最大の州である。州になる1988年まで、ロライマ州およびアマパー州は、連邦政府が任命する知事が治める連邦領土であった。同じく1988年には、中西部地域に属するゴイアース州から分離して北部に編入された。

自然地理的観点から捉えると北部のほぼ全域が熱帯雨林で、密林《セルヴァ》（selva）と呼ばれている。言うに及ばず、地球上で最大の生物多様性を有する地域の一つである。まさしく、緑の絨毯《じゅうたん》で覆われ、かつては文字通り、作家アルベルト・ランジェルが処女作『緑の地獄』（*Inferno Verde*）で描くような、開発の困難な未開の瘴癘《しょうれい》地であった。したがって、評論家のヴィアーナ・モウグの言葉を借りるとすれば、〝宇宙的な恐怖感〟を覚えるところでもあった。しかしながら、この膨大なジャングルと水量と熱帯雨林が醸し出す、神秘的な大自然に魅せられた人は少なくないだろう。作家の開高健もその一人である。ブラジルで活躍する同じ作家の醍醐麻沙夫の道案内で1977年アマゾンを訪れた彼は、とめどなく果てしない自然の魔境に心を奪われてしまう。そして、ユーモアあふれる軽妙洒脱な言語表現で、釣り紀行文の体裁をとりながらアマゾンの魅力を、驚きの間投詞である「オーパ」（Opa!）を連発しながら、『オーパ！』（集英社文庫）の中で思う存分披露している。

アマゾンとブラジルの大きさと豊かさに圧倒されたのは、開高だけではない。向田邦子も然り。彼女は、アマゾンが大き過ぎ豊か過ぎて、あらわすことばは日本語の辞書にはみあたらない、とまで吐露する。向田の綴ったそのエッセイは『夜中の薔薇』（講談社文庫）中の項「アマゾン」に収録されている。前述の醍醐麻沙夫の言によれば、野菜の具もたっぷり入った魚のシチューであるカルディラーダ（caldeirada）［ペイシャーダ（peixada）とも言う］をアマゾンで食して向田は、その旨さに絶句したという。

そうしたかけがえのないアマゾンの自然が今や、牧畜や農業地に向けた乱開発等によって環境破壊の道を辿っている。その意味では、環境決定論の視点から脅威に捉えられていた昔のアマゾン観とは隔世の感がする。

驚くなかれ、一部の州は赤道をまたいで北半球に属している。その最北端は、ロライマ州のモンテ・カブライーである。他方、最高峰はアマゾーナス州に位置する、標高3014メートルのピッコ・ダ・ネブリーナ峰である。2014年に著者の二人で訪ねたマラジョー群島は、アマゾン河口のアマパー州とパラー州の間に位置する世界最大の沖積土の島で、その大きさはスイスの国土に匹敵する。

４００年余りに亘って北部地域は、人の手が加えられないままであった。というのも、この地の大半がトルデシリャス条約によってスペインに属していたからである。ポルトガルによる植民地化は沿岸部に集中し、内陸部への侵入はドローガス・ド・セルタン（drogas do sertão）と称されるカカオ、キナ樹皮、ベニノキの種子、香料などを求めて、海岸線もしくはアマゾン河伝いに散発的に探検隊が編成される程度であった。

ところが、19世紀の中葉になると天然ゴムの開発がブラジル人を誘引し、これに呼応して占有のプロセスも加速化、当時ボリビアに属していたアクレにまで拡がりをみせた。結果として、アマゾーナス劇場に表徴されるように、北部地域、わけてもマナウスは一大ゴム景気に沸き、殷賑《いんしん》を極めた。その後ゴム産業は凋落するが、昨今では一定額まで無税とする「自由貿易地帯」（zona franca）として多くの多国籍企業を誘致する、黙過し得ない存在になっている。

アマゾーナス劇場

ブラジル地理統計院（ＩＢＧＥ）によれば、インディオの全種族の38％がこの地域に集住し、その数はおよそ34万２０００人にも達する。その一方で、他の地域、とりわけ北東部からの移住者も受け入れてきた。
ラテックス、木材などの植物採取以外に、北部は鉱物資源の宝庫である。特にパラー州のカラジャースおよびアマパー州のナヴィオ山地一帯は、鉄鉱石、金、マンガンなどの重要な鉱脈が存在する。１９６０年代後半に税制優遇策として前述の「自由貿易地帯」を設けたことが功を奏し、目覚ましい発展を遂げつつある。それだけに、環境破壊の問題も懸念されている。牧畜および農業開発の躍進ぶりも注目され、前者では3分の1がアマゾンで営まれ、後者では大豆栽培が盛んである。

地勢図に赤道またぐ州はあり北半球への架け橋のように
巨大魚の姿さながら空前の栄華をつなぐアマゾーナス劇場
完璧に開高健の心を呑み『オーパ！』の世界を築くアマゾン

## 内に蔵するアマゾンのあまたの魅力

自然の壮大さとその神秘性、動植物相の豊かさ、文化的多様性、インディオ伝説など、アマゾンを語るには枚挙にいとまがない。ことほど左様にアマゾンは、あまたの要素を抱え込む世界最大のジャングルである。例えば、その密林を貫き滔々と蛇行して流れるアマゾン河にしても最大の流域面積を誇り、水量は世界の河川の20％を占める。むろん、動植物相も世界に冠たる生態学的聖域となっている。

アマゾンを訪ねるのには、6月から11月までの期間が最適である。何故なら、この時期は北部アマゾン地域が夏に当たることで太陽をのぞまない日はなく、アマゾン河およびその支流の水量は最高レベルまで達するからである。

ブラジルで最大のアマゾーナス州の場合は、自然の美しさと文化的多様性が見事に調和している点で一頭地を抜く。ゴム景気で沸いたマナウスの歴史を彷彿させるような建造物、パリンチンスで催される民俗的なお祭りであるブンバ・メウ・ボイ（bumba meu boi）、ネグロ川とソリモンエス川が合流しながらも、混じり合うことなくツートンカラーをなしている光景などは、その一例に過ぎない。

そもそもこの地域は実効支配されていなかったが、スペインの支配下にあった。アマゾン地方は１８５０年、ドン・ペドロ二世によって設けられた。ゴム・サイクルでアマゾンは20世紀に向けて発展し、〝熱帯のパリ〟とまで称されるようになる。が、ゴム産業の中心がマレー半島に移るとともに斜陽化した。

経済を復興させマナウスを工業化するという戦略の下に、前世紀になって先述の無税の自由貿易地帯が創られて以降、著名な多くの多国籍企業が進出してマナウスは産業の集積した都市として活況を呈している。加えて、アマゾンの環境にあまり負荷をかけずに地域の雇用や所得を生み出し、ひいては地域の発展を目指す、いわゆる持続可能な発展に共鳴する、エコツーリズム（生態観光）がメインの観光客が世界各地から訪れるようになった。統計では、年間およそ40万人の観光客が訪れているらしい。

ピラルクが市場にならぶ傍らに斜陽化しゆくゴムの木の夢
繁栄をいまに導くゴムの木の名残ゆかしきマナウス港や

## アマゾンに魅せられた科学者たち

富を求める冒険者のみならず、知的欲求に駆られた科学者たちは、アマゾンの熱帯ジャングルに強く惹きつけられた。その科学者のなかの先駆者の一人は、紛れもなくアレシャンドレ・

ロドリゲス・フェレイラ（1756-1815）だろう。ポルトガルに遊学したバイーア生まれの彼は、1783年から1792年にかけて、ネグロ、ブランコ、マデイラ、グアポレーなどの主要河川とその支流を踏査して密林についての知見を深めた。のみならず、ポルトガルの芸術家と同行して、アマゾンの多様な動植物を描いた。

一方、ドイツの博物学者アレクサンダー・フォン・フンボルト（1769-1859）の場合は、1799年から1804年の間、アマゾン奥地とアマゾン河を踏破して、インディオが狩りの際に弓矢に用いる毒クラーレ（curare）や、デンキウナギ（poraquê）について研究を行っている。アマゾンを〝ヒレイア〟（hiléia）［ギリシャ語で「森」を意味するヒリ（hyry）に由来］と最初に呼んだのも彼である。博物学者スピックス（1781-1826）と植物学者マルティウス（1794-1868）も隊を率いて、1817年から1820年にかけて動植物相はむろん、密林に住む先住民族について調査している。

英国の博物学者の二人、アルフレッド・ラッセル・ウォーレス（1823-1913）とヘンリー・ウォルター・ベイツ（1825-1892）は、数多くの動物および植物種を蒐集して自国の博物館に収めている。ことに前者のウォーレスは、チャールズ・ダーウィン（1809-1882）と同じく、動物種の進化についての理論を発展させた。目下、アマゾン研究は、国立アマゾン研究所（ＩＮＰＡ）およびパラエンセ・エミーリオ・ゴエルディ博物館主導の下に推進されており、多くの海外の研究者も参画している。ことほど左様に、アマゾンは動物学、植物学などのジャンルをカバーした博物学や自然史などの研究の中心的存在なのである。

## アマゾンの科学者たちの足音が耳をすませば聞こえる気配

### 河と海の狭間にある地上の楽園マラジョー群島

無数の島々から成っていることから考えると、マラジョー島は群島と呼ぶ方が相応しい。であるから、ここではマラジョー群島と記す。ともあれ、マラジョー群島は、アマゾン河とトカンチンス川と大西洋の間に位置する、文字通り生態学的聖域であり、地上の楽園である。ほぼ5万㎢の拡がりを持つ、河川と海から成る群島としては世界一の大きさである。

群島は16の郡から成っている。その内の最大の島はソウレ。他方、大半の船舶が入港する、群島の玄関口でもあるのはサルヴァテーラ。双方ともに観光のインフラも整備されており、重要な存在であることは疑いない。が、両者は都を巡って争奪戦を演じているので、現在に至っても正式な都は群島のどこにもおかれていない。

この群島に居合わせれば、密林、緑なす原野、湖沼、マングローブ林、イガラペー（igarapé）［島と島、島と陸地の間の細い水路］などを一望できる。訪れる時期によって、島の変化に気づかされる。この地の夏である6月から11月の間、景観はより緑色をした河川と平原によって特色づけられる。雨が少ない時期には、アマゾン河の影響よりも大西洋のそれの方が大きい。冬になると、イメージは一変する。すさまじい雨量のために平原は冠水するのである。そして、一日滞在するだけでも水位の変化が分かる。

マラジョー群島を訪ねてまず目を見張るのは、その水牛の数の多さだろう。インド出自であるにもかかわらず、当地の環境によく順化していて、マラジョー群島のシンボルになっている。それもそうだろう、島民の数よりも水牛の数が上回っているのだから。結果として、荷車ばかりか群島の交通手段としての活用範囲も幅広い。19世紀の中葉、水牛を運んでいたフランスの船舶が難破した際、生き延びた水牛がマラジョー群島まで泳いで辿り着いた、というのが現地では語り草になっている。

Column
コラム

## 汽水域を行く

南米のマンハッタンともいわれるベレンの街の輪郭が水平線の向こうに消えた。しばらくすると、12ノットの船上からマングローブ林が覆い茂る島影が見えはじめる。マラジョー群島だ。アマゾン河と大西洋の狭間に位置するマラジョー群島は、九州ほどの面積を有する世界最大の沖積土の島だ。汽水域をすすむこと3時間半、この日の海はすこし荒れていた。

　接岸した船から細い桟橋を渡ると、たちまち生活感みちあふれる島の風景にであう。そこには何故か郷愁があった。はるか昔日の臨場感。けれども余韻に浸るゆとりはない。目的地のカルモ牧場はまだ先だ。時間にも奥行があった。わずか数人乗りのスピードボートは、いったいどこまで行くのだろう。ゆるやかに蛇行するアマゾンの支流を、細かい水しぶきを立てながらボートは進む。水面に指先が触れると、その優しい距離が眠りを軽く押してゆく。

　やがて小さな船着き場に着いたのは現か夢か、現の向こうには限りなく牧草地が広がっていた。遠くに発電棟が見える。とんとん葺きのような素朴な小屋は母屋にまさって存在感があった。島のライフライン。貴重な電力が供給する島の明かりは午後11時になると自動消灯される。

　アマゾンの森の神秘は人類の知の源流だ。生命の神秘を匂わせて森が続く。人は自然と対峙したとき、様々な知恵を享受するのだろう。秘薬だったという樹液のひとしずくに、別の角度のわずかな隙間から古代アマゾンがみえる。

汽水域すすみゆく船ゆるやかに冬の角度に風をうけとる

行商の荷らしき箱が真っ先に下ろされ浜に昼市が立つ

上流へ上流の先へその先へ天井のなき川ゆく小舟

限りなく夢もどきの刻アマゾンの支流は岸に幅寄せてくる

まひるまの月みるごとくぼんやりと夢の醒めぎわカルモ牧場

一日の送電が済む島の夜の発電棟を照らす新月

香ばしきアロマセラピー　マラジョーの牧場の朝を告げるコーヒー

密林に入りゆく朝に学びたり復路断たれる水位の上昇

語り部は樹木の神秘に住人の暮らしの知恵を重ね合わせて

水牛の瞳の奥をたしかめてマラジョー島の岸を離れる

「もはや河ではあらず」とふ向田邦子の10文字《ともじ》拓いて嗚呼大河あり

## 二、アマゾンの自然と社会

### 生物多様性の保全と持続可能な地域発展のあり方

２００１年は国連が決めた「国際生物多様性年」に当たり、世界の国々で豊かな自然を守る一連の催しが目白押しの情況であった。名古屋で開催された「生物多様性条約第10回締約国会議［ＣＯＰ10］（国連地球生きもの会議）」は、その最たるイベントの例。地球上で今や、およそ1万７０００種もの動植物が消滅の危機に晒されている。

世界で冠たる生物多様性を誇るブラジルの場合とても、その例外ではない。そのためにブラジル政府は、大西洋林（Mata Atlântica）、セラード（Cerrado）、パンタナル（Pantanal）、カアチンガ（Caatinga）、パンパス（Pampas）を含めて、最大のビオマ（Bioma）［気候によって分類された特定地域に特徴的な生態群および生物群集］であるアマゾンの保全に努めているが、実効性をあげているどころ

アマゾン河支流の氾濫原にある高床式家屋

か、事態は深刻化しているのが真相だ。それゆえに、大西洋林とセラードはホットスポットにさえなっている。事実、アマゾン流域は、この数十年間、生物多様性の価値を無視したかたちの農業や鉱山開発、不法な森林伐採、焼畑（queimada）、密猟などによって生態系が大きく損なわれている。その意味において、アマゾンの熱帯雨林の保全に向けた持続可能な発展と生物商取引（bio-comércio）が喫緊に問われている。

本稿は、アマゾンの森林破壊や環境問題に関するあまたの文献、なかでもジョアン・メイレレス・フィーリョ著『アマゾニア』およびマルセーロ・レイテ著『アマゾニア 未来の土地』に依拠しつつ、私の47回に及ぶアマゾン巡検から得た、わけても〝命の賑わい〟とも言うべき生物多様性と環境破壊の問題に関する成果なり知見の一端を、不完全ながらまとめたものである。

やわらかき光の草原ひっそりと異質の植生ゆれるセラード
ブラジルの熱帯サバンナさながらに土は盛られる二層のセラード
灌木の隙間を這ってセラードにイネ科植物育むセラダン

## アマゾンの自然

### ①自然景観と植生上の特色

一般にアマゾン地方は、「生物学的なアマゾン領域」（Amazônia biológica）、「北部地域」（Região Norte）および「法定アマゾン地域」（Amazônia Legal）［アマゾン河流域に位置し、加えて、自然地理的にアマゾン共通の植生のみられる９つの州から成る、国土の約61％（５２１万７４２３㎢）を占める地域。マット・グロッソ州の北部とマラニャン州西部はそれぞれ他の地域に属しながら、この法定アマゾン地域に含まれている］の３つに分類される。生物学的なアマゾン地域は、アマゾンの生態学的地域、すなわちアマゾンのビオマを意味する。この領域だけで３６４万㎢の面積を占める。もし遷移地帯に位置する他のビオマ、例えば、セラード（41万４０００㎢）および半乾燥地帯のカアチンガ（14万４０００㎢）を加えれば、全体の面積は４２４万㎢と拡大する。

喚起すべき点は、この生物学的なアマゾンの領域の20％（65万㎢）あまりが人間の手によって破壊されていることだ。北部地域は純然たるブラジルの行政区分に従ったもので、７つの州をかかえ、国土の45・26％に相当する３８０万㎢の面積を持つ。そして、法定アマゾン地域に関しては、ブラジル憲法によって１９５３年に制定されたもので、北部地域の州以外に、マット・グロッソ州北部、トカンチンス州およびマラニャン州西部を包含した地域である。結果として、全体の面積は510万㎢となり、国土の実に59・78％にまで達する。

ところで、ブラジル人はおろか、他の国々の人々にとっても、アマゾン地方がいかに巨大であるか、おそらく考えも及ばないことだろう。全体の85％を占めるブラジル以外にアマゾン地方は、ベネズエラ、スリナム、フランス領ギアナ、エクアドル、コロンビア、ペルー、ボリビアにも広がる。前に見たように、ブラジルだけでも法定アマゾン地域は国土のおよそ6割に当たる480万㎢を有するのである。要するに、この法定アマゾン地域には30カ国あまりの西ヨーロッパがすっぽりはまる勘定になる。地球の最大の生物多様性地域の一つであるアマゾンの熱帯雨林は、河川の氾濫の影響を受けないテラ・フィルメ（terra firme）［「しっかり固まった土地」の意味で、増水期にも冠水しない台地］によって成っている。しかしながら、南米北部のおよそ650万㎢を占めるアマゾン地方の全てが、閉ざされた密林であるわけではない。

例えば、ブラジル国内のアマゾン地域の4分の3は密林によって覆われているが、残りの4分の1は他の種類の植生、すなわちセラードと称される熱帯広葉疎林が中心の疎開林地帯である。この疎開林地帯が乾燥地域に点在することで、雷などの自然発火や意図的もしくは偶然的な要因によって火事を引き起こすことが少なくない。テラ・フィルメに植生する樹木の大部分は、乾季でも落葉しない常緑樹である。

しかしながら、半落葉樹も存在する。樹木の種類は場所によってかなり違いが見られる。しかも、その植生は少なくとも4層からなる層構造を成している。第1層に当たる林床は、基本的には草本層で形成され、シダ類（samambaia）や匍匐《ほふく》植物が席巻する。太陽光が差し込まないこともあって遠いところまで見通しが利かず、ここは日陰を好む植物以外に育たない。第2層は5～20メートルの高さの小型の低木が占める。対して第3層は、20～35メートルの亜高木からなる。エンバウーバ（embaúba）［セクロピーアセ科］のごとき天蓋を作らない樹木や成長したヤシの木などが多く見られる。最上層、すなわち第4層は林冠部で55メートルに達するカスタニェイラ・ダ・アマゾーニア（castanheira-da-amazônia）、スマウメイラ（sumaumeira）などの高木で占められる。これらの木の大部分にはラン科、アナナス科、サボテン科の植物が着生している。

科学者たちは今日、この熱帯林内の多様な層構造の重要性を指摘している。そこにはまた多くのイネ科の植物がみられ、アマゾン地方の周縁部や、アマパーおよびロライマ州の孤立した地域には通常、アマゾン地方に支配的な植生とは大いに異なるカンポ・ナツラル（campo natural）と呼ばれる草原が存在する。

アマゾン地方にきわめてありふれたもう一つのタイプの景観は、アマゾン河を例に取るように、増水によって水位が上昇すると浸水する氾濫原のヴァルゼア（várzea）である。ちなみに、アマゾン河水域の氾濫原のヴァルゼアは18万㎢で、ポルトガルの面積の2倍程度の広がりを持つ。減水期には栄養分となる浮遊物資が堆積土をなし、その肥沃な土壌は農業にとって好条件となる。

概して、アマゾン地方の大半は土地がすこぶる痩せてはいるが、河川の氾濫はヴァルゼアを肥えた土壌にしているのである。とはいえ、そうした豊饒なヴァルゼアもアマゾン流域のほんの2～3％（12万㎢）にすぎない。乾季においてさえも水没したままのところには、イガポー（igapó）と称される浸水林もしくは水没林が存在する。相対的にその空間は植物のみならず魚類も少なく、生物多様性の観点からは貧困である。

草木の常緑樹などそよがせる熱帯雨林のテラ・フィルメ台地

たっぷりと雨に浸って地表より肥沃なる土を盛るヴァルゼア

あたらしき用語として知るアマゾンのはやもなじめる「法定アマゾン」

| 植生の類型 | 占める割合（%） | 同義語 |
|---|---|---|
| 森林で覆い始める草本平原（Campinarana） | 4.10 | |

| | | |
|---|---|---|
| 季節性の落葉もしくは半落葉林 | 4.67 | 乾燥林（Mata seca） |
| 生育に多雨気候を必要とする開放林 (Florestas ombrófilas abertas) | 25.48 | |
| 生育に多雨気候を必要とする閉鎖林 (Florestas ombrófilas densas) | 53.63 | |
| 河川および海洋の影響を受けた先駆的な群落 (Formações pioneiras) | 1.87 | |
| 山間部の固有種が存在する保全地域 (Refúgios montanos) | 0.029 | テプイ（Tepui） |
| アマゾン・サバンナ | 6.07 | セラード（Cerrado） |
| 他の植生 | 4.15 | |

②気候上の特色

アマゾン地域の気候は、ケッペンの気候区分によると、年中多雨な熱帯雨林気候（Af）と、期間的には短いが乾季を持つ熱帯モンスーン（Am）からなる。前者が、ネグロ川とプルス川にはさまれた地域およびベレン河口付近に限定されているのに対して、後者はアマゾンの広範な地域に分布している。

後者の場合、四季のある日本と違って、基本的には2つの季節、すなわち冬季（雨季）と夏季（乾季）がある。それを決定づける要因は雨量と河川の水位にあると考えられている。冬季は年の始めと終わりの雨が良く降る時期で、一方、残りの時期［6月から11月］が夏季となる。

当然のことながら、焼畑や森林伐採などはこの時期を利用して行われる。アマゾンの平均気温は通常24度から26度程度である。この地方の暑熱湿潤の気候は、多くは東部の大西洋から入り込む気団によって決定づけられる。海水が蒸発し雲となり、パラー州沿岸およびアマゾーナス州に、年間２２００ミリから４５００ミリの大量の雨をもたらすのである。ほぼ法定アマゾン地域に該当するその高温多湿な地域では、10月から始まる雨は洪水を引き起こし、河川の水位は14メートルにまで達する。湖沼、ヴァルゼア、パラナー（paraná）と呼ばれる２つの河川を結ぶ運河、イガポー、そして長さも幅も異なる河川は、アマゾンの風景を特徴づける水の迷路を形成する。しかも、気候条件や季節の違いによって多様な景観を呈するのである。

意外であるが、アマゾン地方の南東部の縁の部分に位置するアクレ州、ロンドーニア州、マット・グロッソ州北部およびパラー州の中心部は、年間降水量が１８００ミリから２２００ミリしかない乾燥地域である。したがって、農業が営まれ、弓状をした森林伐採地域（Arco do

Desflorestamento）として知られるところが集中している。６月から始まるもっとも乾燥した季節には、河川の水位は下がり、幾多の砂浜が形成される。そこでは多くの種類の亀が産卵する。河川が増水して洪水になると、タンバキ（tambaqui）のような魚が樹冠の実を食するのに好都合となる。

魚たちは冬季の川に憩いたり樹冠の実の生る水に泳いで

ヴァルゼア、湖沼、イガラペー、イガポーに水の迷路をつくる洪水

③起伏

聞きなれない言葉であるが、「アマゾン大陸」が形成され始めたのは、約30億年前のことである。この大部分の大地の上の自然が現在のアマゾンを形作った。その形跡は、カラジャース地方に見ることができる。アマゾン地方の大地の３〜５％は沖積平野である。従って、海抜１００メートル以下の低地が占める割合は大きい。つまり、大半が５００メートルを超えない。

しかし中には、５００メートル以上の高地や山地も２％程度存在する。アマゾーナス州とベネズエラが接するブラジルの最高峰ピッコ・ダ・ネブリーナ［３０１４ｍ］や、同じピッコ・ダ・ネブリーナ国立公園の一部をなすピッコ・31・デ・マルソ［２９９２ｍ］が聳え立つ。そ

れ以外に、ブラジルの最北に位置する山地としては、モンテ・ロライマ国立公園にあるモンテ・カブライーが挙げられる。ちなみに、ロライマとはインディオの言葉で「母なる水」を意味する。アマゾンの起伏を南東部のそれと較べれば、圧倒的に後者が高い。次の植生や土壌のところでも関連的に触れているが、概してアマゾンの起伏は3つのレベルに分類される。

すなわち、起伏の低いところから挙げると、①水没林が支配する、常に浸水している地域、②増水の間にのみ氾濫・浸水する河川域で、ヴァルゼアによって特色付けられた地域、そして③増水期にも冠水しない比較的に低い台地で、豊かなアマゾンの植物群落が支配する地域、ということになる。①では、オオオニバス（vitória-régia）やブラジルゾウゲヤシ（piaçaba）などが見出される。およそ10メートルから200メートルの高度に位置するヴァルゼアは、春から夏にかけて起こる周期的な洪水の際に氾濫する。100メートルから200メートルと上位に位置することもあって、テラ・フィルメは洪水から免れている。アマゾン全体の90％を占め、そこにはテラ・フィルメ特有の商業的な価値の高い、例えばガラナー（guaraná）、カスタニェイロ［栗の一種］といった樹木が存在する。そして、中には60メートルを超えて聳える亭々たる木も見られる。

テラ・フィルメの後背地は半湿潤林、つまりアマゾン林と他の生態系の間の遷移地帯にある森林が存在する。15～20メートルの高さの木から通常成り、幹は細く樹冠はあまり発達していない。乾季には大半の樹木は落葉する。高度にばらつきはあるが、北部アマゾン地域の起伏の大半は傾斜のない平野および低地から成っている。従って、河川の流出は緩慢で航行にとっては都合が良い。加えて、アマゾン河、アラグアイア川、グアポレー川のような重要な河川の川床の多くは平野に位置している。

ぽっかりと母なる水に浮かぶごとモンテ・カブライー山系やある

④土壌

一般にアマゾンの熱帯は、ラトソルと呼ばれる赤色の痩せた土壌に覆われているが、これに加えて、アマゾニア・カアチンガのような背丈が低く疎らな森林の地域には、無機養分の少ない不毛な白い石英砂からなる土壌＝熱帯ポドゾルが見られる。その一方で、テラ・プレッタ(terra preta)のごとく地味に富んだ土壌も一部見られる。従って、従来のヴァルゼアとテラ・フィルメという生態地域区分とは別に、貧栄養生態系と富栄養生態系と区分する研究者もいる。

ところで、アマゾン地方の土壌が概して痩せている事由の一つは、ミネラルを含むその大半が、長年に亘って温かい雨によって洗い流されたことにある。この点において、アマゾンの土壌は化学的に劣っているとみなされている。

ベレン近郊のテラ・フィルメに例示されるように、砂質に富んだ土壌はトウモロコシの栽培などに適しない。かつて先住民インディオの野営地で有機物のゴミ捨て場であった、テラ・プレッタと称される黒土の肥沃な土壌を例外として、アマゾンの土壌の大半はこのように痩せ衰えているのに、なぜ豊かに繁茂した密林を支えることができるのだろうか。そのヒントは、さまざまな生物による滋養のリサイクルにあるといわれる。いずれにせよ、アマゾンの熱帯雨林は、栄養分の源泉である土壌からではなく、土壌の上で生育している印象さえ与える。この意味で、土壌はただ単に樹木を支える機械的な役割を果たしているといっても過言ではない。

温帯の森林では、ほぼ全ての栄養分は土壌にある。ところが反対に、熱帯雨林では平均してその栄養分の75%は植物のバイオマスに、また17%は地表面の腐葉土層に存在する。結果として、土壌には8%を数えるに過ぎない。このためにアマゾンの熱帯林は、可能な限り枝葉を広げ成長に必要な燐、マグネシウム、カリウムなどの栄養分を葉っぱに落ちる雨から摂取する。と同時に、温帯の森林の3倍地表に根を張り巡らせて栄養分を吸収し蓄える。

森林伐採が行われると、土壌は雨と高温に晒される。その結果、一段と土壌は劣化する。雨によって土壌が固くなり、水の吸収能力が落ちるばかりではない。水は地表面を流れるようになり浸食作用が増す。一方、太陽に直接晒されたことによって、気温の上昇が腐植土のような有機物質の層を損ない、腐植土がなくなると土壌の保水力が弱まるのである。森林伐採はそれ以外に、土壌の気温まで押し上げ生態系に多大のダメージを与える。

赤土《ラトソル》の浅き地表を流す雨　痩せた大地を謳うアマゾン
バイオマスエネルギー生み植物は地を太らせて地に還りゆく

⑤アマゾン水系がもたらす豊かな水

セルヴァと呼ばれる密林とともに、アマゾンの景観を特徴づけるもう一つの要素は、その豊富な水だろう。流域面積はむろん、長さでも有数のアマゾン河［６９９２キロ］をはじめ、１０００以上の河川と支流——網の目状に分布しその多くは互いに結び合っている——が存在し、地球の淡水のおよそ15％が集中していることからも説明されよう。

アマゾン地方には大小さまざまな無数の河川が存在するが、代表的流域となれば以下の３つだろう。

その一つはアマゾン河流域［ブラジル国内の面積は３９０万㎢］で、その主要河川にはアマゾン河をはじめ、左岸にはネグロ川、トロンベッタス川、右岸にはマデイラ川、タパジョース川、シングー川などある。81万３０００㎢の拡がりを持ち国内のみを貫流するアラグアイア—トカンチンス川流域がもう一つで、主たる河川としてはアラグアイア川、トカンチンス川、モルテス川が挙げられる。残りの一つは、オリノコ川流域である。ベネズエラ内を流れる河川で、ギアナ国境近くの大西洋に注ぐ。その他、アマゾン河右岸の海に注ぐグルピ川、ピンダレー川、トゥリアスー川、さらには、アマゾン河左岸の海に流れるアラグアリ川、オイアポケ川などが存在する。アマゾン河の河口付近やタパジョース川に例を取るように、河川自体が大きいので、場所によっては対岸が見えないほどである。しばしば発生する暴風雨によってアマゾン河は波立つことから、この河が発見されてほどなくすると、〝海の川〟と呼ばれるようになった次第。

アマゾン河流域がブラジル国土に占める割合は、他の国々を圧して58％にも及ぶ。ちなみに、ペルーの場合は16％で、次いでボリビアが10％、残りの割合をエクアドル、ベネズエラ、コロンビアで共有している。アマゾン河は、西部はアンデス、南部はブラジル中央山塊、北部はギアナ高地にまで広がり、大量の土砂とともに東部の大西洋に注ぐ。この大河がブラジル海岸に吐き出す堆積物の結果、世界有数のデルタが形成されている。

そもそも、アマゾンの密林を大蛇さながらに蛇行して貫き流れるこのアマゾン河とアマゾン流域に関しては、土地の生物多様性の起源を知る必要性に伴い、先駆的な研究によってそのベールがはがされつつあり、新しい発見もなされている。２５００年前には、現在の南米大陸の形状は呈せず、アマゾン河流域もアンデス山脈も存在していなかった。その後、北西部から注ぐ水路が形成され、それはカリブ海の方向へ流出していた。１５００年前にアンデスの北東部が現在のおよそ4分の1の高さに隆起すると、川の流れは逆行し、以前まで東部に広がり景観を支配し湖沼に注いでいたアマゾン河が誕生する。そして、アンデス山脈に遮られペルーの西部のブランカ山地を源とするアプリーマック（Apurímac）川、すなわち後のアマゾン河は、大西洋に方向を変えて流れるようになる。

アマゾン水系の河川は流出率によって条件づけられると同時に、水の種類や水質によっても分けられる。水の色合いからとらえると、タパジョース川やトカンチンス川のような青緑がかった河川（águas azul-esverdeadas）や、アマゾン河本流、ジャマリ川、マデイラ川に見るような白色した河川（águas brancas）〔実際は黄褐色をしている〕、そしてネグロ川やウアツマン川に典型の、黒っぽいコーヒー色をした河川（águas pretas）に分類されよう。青緑がかった色合いをしている河川の典型は上の例の他に、シングー川も含まれる。水の透明度は水深4メートル以上で、酸性の度合いは高く（pH3.5～4.0）、反対に塩分含有量は少ない。魚は黒い水色をした河川よりも多いが、白い水色をしたところに較べればはるかに少ない。

翻って、粘土が解けた状態で多くの沈殿物を含むアマゾン河。それ故に白い川の透明度は極端に悪く、数十センチしかない。しかしながら、中性もしくは弱アルカリ性のその水質は種々の栄養素に富んでいて、〝リオ・ファルト〟（rio farto）〔「肥沃な川」の意味〕とも呼ばれる。ゆえに、氾濫原のような浸水するところを肥沃にする。これに対して、ネグロ川のように水で薄めたコーヒー色を呈するのは、植物の色素によるものであり、水質も酸性の度合い（pH4.0～7.0）が比較的に高い。従って、ソリモンエス川と合流してマナウス付近でアマゾン河となる前のネグロ川には、魚のみならず蚊なども少ない。

アマゾン河の起点となるネグロ川とソリモンエス川の合流点

ネグロ川の平均温度は30℃で、アマゾン河よりも1℃高い。長さと水量において名実共に世界一のアマゾン河。その流出量も秒当たり10万立方メートルといった具合に、桁外れである。当初、ペルーに源を発しヴィルカノッタの名を持つその河川は、ブラジル国土に入るとソリモンエス川と名を変える。一般に、アマゾンでは川幅によって河川の名称も異なる。

従って、ブラジルの他の地域では河川とみなされる水の流れや水路は、アマゾンではそれに値しない。通常、アマゾンの河川は3つに分類される。イガラペーは〝カヌーの道〟として使われる水路であり、水源を持つ。フーロ（furo）は水源を持たず、湖沼と河川あるいは2つの島を結ぶ河川である。パラナー（paraná）は普通、地域の航行に用いられ、主要河川と平行する河川もしくは河川の支流を指す。

混じり合うことなき流れの衝突おうおうと引きあう二色《ふたいろ》の河
水系は水系らしい背景を豊かにしつつ水を流せり
アンデスの地高まりくればたちまちに姿を変えたアマゾンの水
懐《ふところ》に動植物相だきかかえ母なる水の美《は》しき永遠
いとまなく河水の質に融合し肥沃な水を生むアルカリ度
上流に源《みなもと》をひくイガラペーはいずれカヌーの道をも築く
いくつもの支流の個性を引き受けて六千キロを流れる大河
対岸は視野のかなたに目の前の波打つ河をアマゾンと呼ぶ
細胞を解きほぐすごとアマゾンの母液よわれにしなやかであれ

## 熱帯雨林消失の背景

### ①略奪的な天然資源の採集と開発

16世紀および17世紀のヨーロッパでは、丁子《ちょうじ》、バニラ、生姜、肉桂のような香料は垂涎の的であり大いに賞味されていた。インドの香料の独占を失うとポルトガル人は、ブラジルの産物でヨーロッパ市場を補給しようと努めた。その産物とは、アマゾンの熱帯林に順化した土着の、観賞用の生きたオウムやインコをも含めた、タバコ、薬草、香辛料、染料、繊維、猫科の肉食動物やワニ、カワウソの毛皮、陸ガメの卵などであり、ドローガス・ド・セルタンと呼ばれた。余談ながら、ドローガス・ド・セルタンを求めて、ポルトガル人植民者がブラジル内陸部へと浸透したことが結果的には、ポルトガルの領土拡大につながった。

そうしたドローガス・ド・セルタンの略奪的な採集と併行して、インディオに対する布教活動でアマゾンに到来したイエズス会士たちは、先住民が薬用として利用していたガラナー、カカオ、ブラジルナッツなどを目の当たりにして、自らも利用することとなる。しかしながら、より収益の高い産業が植民地に興ると、アマゾンの河川に沿って展開したドローガス・ド・セルタンは徐々にその重要性を失い、18世紀の末期には斜陽化する。とは言っても、それは数世紀を経た今日においても存在している。エネルギー飲料として知られるガラナーなどはその好例。

時代は移り、１８７０年から１９１８年の間、最初の重要な経済サイクルであるゴム産業が興り、１８９０年頃にはアマゾン、中でもアマゾン河流域の源流から河口に至る地域と、アラグアイア・トカンチンス川流域は世界最大の天然ゴムの生産地となった。しかしこのサイクルはアジアでゴムの木のプランテーションが行われ始める（１８７６年）と、斜陽化の道を歩んだ。

ともあれ、５世紀にも亘るアマゾン開発モデルを強力に推し進め、無秩序に自然資源を収集・略奪した結果、もろいこのアマゾンの生態系は撹乱され今や危機に瀕している。持続可能とは程遠い、そうした収奪的で一攫千金的な採集産業のあり方は、将来のことを考慮せず、大西洋林からパウ・ブラジル（ブラジルの木）を残すことなく倒木・開発した、ポルトガル植民者に通有のメンタリティーそのものであろう。

産物と天然資源の相関に負の微風《そよかぜ》が戦ぎ入りたり

森林は伐採されるアマゾンの是非語りつつ空しらみゆく

②熱帯雨林の伐採の主な要因となる産業

アマゾンの熱帯雨林破壊の主因は多岐に亘っている。中でも木材採取、入植や輸出回廊のための道路建設、鉱山および水力発電開発、そして、これから述べる農業開発、牧場化などはその最たる例であろう。北部アマゾン地域と他の地域との統合をねらった1960年以降の一連のプロジェクトによる、ベレン・ブラジリア間の道路や「トランスアマゾーニカ」(Transamazônica)(アマゾン横断道路)の建設などは、その象徴的存在である。その一方で、大カラジャース計画(Projeto Grande Carajás)の下、牧畜と森林開発も含めて、鉱山開発が推進された。

と同時に、水力発電開発もその例外ではなかった。トカンチンス川のトゥクウルイーダム[パラー州]の建造によって2875㎢、ウアトゥマン川のバルビーナダム[アマゾーナス州]によって2360㎢、さらに、ジャマリ川のサムエルダム[ロンドーニア州]によって560㎢の森林が水没した。これら全てを合わせると、連邦府の面積を失ったことに相当する。

こうした例を見るだけでも、「アマゾン・オペレーション」を掲げ、アマゾン開発管理庁(Superintendência de Desenvolvimento da Amazônia=SUDAM)を中心にこの地方を経済的に占有することを主眼とした1964年の軍事政権と、以後のブラジル政府が、開発優先で環境保全を重視してこなかったことがうかがえる。事実、軍事政権にとってアマゾン占有は、北東部の飢餓の問題、深刻化する中南部の農民の子弟が抱える土地不足、戦略的な立場からアマゾンを支配することの必要性から推進された。

ところで、ブラジル経済に占める部分は目下のところ相対的に小さいが、3つのアマゾンの産業、すなわち牧畜、林業および大豆栽培が世界市場と直接係わりあっている。このいずれもが、アマゾンの環境問題の視点から捉えれば、わけても森林破壊の元凶になっているのは事実である。木材採取は3つの産物の中では特別なケースであろう。アマゾンが産する硬木の一部は輸出に向けられるが、その割合は低く14％に過ぎない。そして、残りのおよそ10％はアマゾン域内で消費され、さらに残りの76％は国内市場、とりわけサンパウロに搬送され建築資材となる。周知のように、インドネシアやマレーシアの熱帯産の木材は枯渇の道を歩み、その意味でも最大の熱帯雨林を抱えるアマゾンは、世界の垂涎の的となっている。

現在もなおアマゾンで問題となっているのは、不法伐採によって急速に熱帯林が消滅しつつあることだ。しかも、原始的な方法で倒木されるので、他の貴重な樹木までもがダメージを受ける。通常、10本切り倒された木材の中で、製材所まで持ち運ばれるのは6〜7本程度で、残りはその場に置き去りにされたままだという。牧畜業者や農業従事者もアマゾンの自然環境破壊の当事者である。彼らは無秩序に熱帯林を切り倒し、すでに被害を被っているその残りの熱帯林をいわゆるケイマーダという焼畑の手法で焼き尽くす。熱帯雨林が切り倒された空間は容易に太陽光が差し込むことでバイオマスを乾燥させ、火によってその地の生態系は完全に消失するのである。

エルニーニョ現象による乾燥と牧場やプランテーションにおける焼畑は、偶然の火事を引き起こし、延焼によって生態系に多大の損害をもたらすことも多々ある。今日でも焼畑は、パンタナルやアマゾンではありふれた光景だ。とくにトラクターなどの開墾する農機具のない貧農などは、よくこの手法を用いる。

問題は、そうした牧畜業者や農民が火をコントロールできずに原生林のみならず、生物の多様性に富む生息環境を損壊させることにある。牛肉の輸出に向けたアマゾンの牧場化は自然破壊の張本人としてみなされている。事実、１９７０年以来、連邦政府のインセンティヴで牧畜が推進され、かなり広範にわたって森林伐採が行われた。当時、生産された牛肉の大半は国内向けで、輸出用ではなかった。昨今、その状況は変わりつつある。１９９５年から２００３年にかけて、ブラジルの牛肉の輸出は5億ドルから11億５０００万ドルに伸びた。増大した生産の80％は、熱帯雨林から牧場に変貌したアマゾンの地でなされたのである。屠畜用の家畜の生産が、アマゾンの熱帯林伐採の主たる原因となっていることは寸毫《すんごう》の疑いもない。しかも、大豆栽培もそれに間接的に加担していることは否めない。

今世紀の初め、ブラジルは世界で最大の大豆輸出国となった。当初、大豆の生産は南部地域で始まったが、今日ではその一大生産地域は中西部、それもマット・グロッソ州であり、一部は北部アマゾン地域にまで及んでいる。通常アマゾンの場合、大豆栽培者はすでに伐採された土地で栽培している。この点で、直接的な森林破壊の行為者ではない。

がしかし、問題は、牧畜を営む者は肉牛を養うために常に新たな牧場を必要とし、そのために森林を伐採することにある。そして自分の土地が牧草地として向かなくなると、価値ある価格で大豆栽培者に売りつけるのである。このように、牧畜業者は原生林の破壊を繰り返す。この意味において間接的ながら、大豆栽培者も森林破壊に手を貸していることになる。

世界市場において牛肉と大豆の需要は右肩上がりであり、これらの産品の輸出はブラジル経済の安定にとって重要であるばかりか、外貨獲得の手段ともなっている。そのために、アマゾンの広大な手付かずの自然地域を破壊することだっていとわない、といったまことしやかな意見さえも聞かれる。そして、地域発展に向けて開発を最優先し、環境保全を疑問視する考えも少なくない。そこには、熱帯雨林を中心とするアマゾンの自然破壊が生態系に多大の影響を及ぼし、生物多様性の消滅はむろん、地球の気候変動の要因になっている、という事実認識が欠落しているように思われる。

夕靄《ゆうもや》の向こう微かに煙れるは野焼きにあらず焼き畑という

善悪をこえ人間の怖さ問う吾もひとりの人間である

長大なるイメージを持て地図上のアマゾン横断道路をたどる指先

## 沈黙したアマゾンの熱帯雨林と生態系を守るには

地球上のおよそ1万7000種もの動植物が消滅の危機にさらされている。生物多様性の豊かさという点で、ブラジルは世界でも筆頭にある。アマゾン以外にこの国は、大西洋林、セラード、カアチンガ、パンパス、パンタナルといった固有のビオマをかかえている。そのいずれのビオマも、この数十年来、生態系の変容を強いられている。2003年の時点での「1000年の生態系の評価」(Avaliação de Ecossistema do Milênio) に基づけば、もっともその被害を被っているのはアマゾン流域のようだ。

アマゾン、中でもそこに存する熱帯雨林を破壊させ生物多様性の宿る貴重な生態系を損壊させているのは、前項で述べた不法伐採を繰り返す材木商や密猟者、牧畜業者、大豆栽培者だけではない。水銀を垂れ流しながら金を採取するガリンペイロもそれに含まれよう。また他方において、経済開発の名の下に、とくに1964年の軍事独裁政権以降、近代化に向けての幾多のプロジェクトが、アマゾン開発管理庁の設置によって推進された。

その中で、ブラジルがかかえる諸問題——例えば、北東部の飢餓の問題、中南部の農業従事者の子弟にとっての土地不足の問題、アマゾン地域を実質的に占有する必要性——の解決のために、アマゾンの経済的な意味での占有は軍事政権の最優先課題となり、この地は国民の耳目の対象となった。そして、1970年代になると、カラジャースでの鉄の採掘が始まる一方、アマゾン横断道路や国内で2番目の規模を誇るトゥクルイーのような水力発電所が相次いで建造され、かつてないほどの速さで熱帯雨林は蚕食されるようになる。

民政移管以後、今日に至るまで、世界的な環境保全の意識が高まる中、ブラジルも政府主導の下にあの手この手のアマゾン熱帯雨林の保全のための施策を講じているものの、一向にその地の環境破壊は留まるところを知らない。２００６年3月のイマゾン（IMAZON）による刷新的な研究に基づくと、人間活動によって森林を失った地域はアマゾン全体で19・25％にも及んでいる。これに、人間活動により森林伐採が始まっている地域の27・３％を加えれば、実に50％弱のアマゾンの熱帯雨林が破壊の危機にあることを意味する。

こうしたアマゾンの貴重な熱帯雨林と生態系、そして生物多様性を守るためにブラジル政府は、他の地域のビオマを含めて、保全策に乗り出している。他国との連携による、例えば、アマゾン隣接諸国との生物的多様性に関する協定（１９９２年）やアンデス熱帯諸国のための生物多様性に関する地域的戦略（２００２年）、アマゾン協力に関する戦略的アジェンダなどは、その象徴的なものかもしれない。この種の協定や戦略を通じて、生物多様性の持続可能で合理的な利用も目論んでいる。

このような一国もしくは近隣諸国の取り組みだけでは、今のアマゾンの自然破壊は食い止めようがないし、おのずと限界があるように思われる。その意味で今まさに、地球の有用な肺的な機能を果たしているアマゾンの熱帯雨林を守ろうという、地球市民としての私たち一人一人の意識の改革が強く求められている。と同時に、草の根レベルの私たちの取り組みが必定となる。「生物多様性条約締約国会議（国連地球生きもの会議）」などは、グローバルな視点から森林破壊と生物多様性の危機に対処する最良策に違いない。ＣＯＰ10においても先進諸国と開発途上国との間の対立は埋まらないが、生態系保全という目的を見失わないで協調し合うことが肝要だ。

ところで、アマゾンの環境破壊と生態系を合わせた生物多様性の損壊を最小限度防ぐために、これまでにもさまざまな方策がなされてきた。しかしながら、実効性のあるものになっていない。一見、秩序ある開発と持続可能な発展なる言葉自体、聞こえは良いが、アマゾンでは依然、開発優先で環境破壊の度合いは高まっている。従って、一刻も早く実現可能な生物多様性を守るためのルールを設定し、法制化することが喫緊の課題である。

その一方で、経済開発（活動）と自然環境との調和を図る方策、エコツーリズムを通じた基金創設によるアマゾンの自然環境の救済と植林活動、自然に優しいアグロフォレストリーの展開、「生物多様性オフセット」とは別途のアマゾン特有の生態系を保持する手法などに積極的に取り組むべきだろう。およそ３０００万種もの生き物が、地球上に命をつなぐ。私たちはそうした生き物や自然によって生かされている。にもかかわらず、私たちはその恩に報いるどころか、超優先種の立場で破壊者になりさがっている。痛々しい傷だらけの「沈黙する自然」に、温かい愛の手を差し伸べるべきは人間の責務だ。自然は人類が存在しなくとも存在するが、人類は自然なしでは存在できない。

密林を宝庫と呼びたき自然への真《まこと》の畏敬よ鎮魂の森

森羅万象、生命体の共存をしずかに見つめる森の番人

Column
コラム

## 筏の時間

「もうそろそろ船が来る」。

雨季になると、アマゾンの住人は筏の買い付け船が来る頃を自然の暦に教えられるという。

満月満潮の刻、予想通り彼らの船はやって来る。原木の単位は約1500本だ。そこで商談がまとまれば、丸太は300本ずつに組まれて引き潮に乗る。筏の時間のスタートだ。押船に押されつつ引き船に曳かれつつ、満潮時はバイーアに揺蕩《たゆた》う。

また引き潮に乗り満潮に揺蕩い、河口へ河口へと筏の群《むれ》はアマゾン河を下りゆく。

アマゾンで見える月は大きい。時には赤く見えたりもする。満月と新月に雨が降るという月の神秘の言説通り満月の雨が森に生ぬるい匂いを残して降り止んだ。昼間、出会った手足の長い少年は何処へ行っただろうか。きっと同じ月を見ている。

不意打ちに買い付け船が来る刻を潮の暦が知らせてくれる

満月の雨季の商談スムーズにゆけば筏に組まれる原木

河口へと数千キロを下りゆく筏の時間はゆるくながれて

押船は艀《はしけ》をそうろり押しながら途上の湾に筏を休める

見仰ぐれば薄墨色の空ふかく煌々と照るアマゾンの月

両の手でつかみとりたいアマゾンの大輪の月われにやさしき

大陸の雨の匂いと木の香が蘇らせる小道ありにき
凹凸の道を駆け抜く少年のまばたきに似た軽いウインク
色量を月に乗せつつ日没の太陽の色は甘く安らぐ

# 第2章
# 即興詩人が吟う
# 芸術と文化の宝庫「北東部」

旅人も即興詩人も酔いしれる北東部とふ詩《うた》のモチーフ

# 一、北東部の特徴と魅力

## 北東部地域のあらまし

９つの州によって構成される北東部。全ての州が大西洋に面しているが、とくにバイーア州は国内でもっとも長い海岸線を有している。支配的な気候は熱帯と、その大半がカアチンガ(caatinga)の植生で覆われている半乾燥地帯である。

とはいえ、北東部はかなり異なる景観を抱え込んでいる。内陸部のセルタン地帯のように雨が少ない乾燥地帯があるかとおもえば、また他方において、雨の多い沿岸部も存在する。従って、北東部は自然地理学的観点から４つ、すなわち沿岸地帯(Zona da Mata)［本来は「森林地帯」と訳すべきところだが、植生していた大西洋林のほとんどが今では消失している］、アグレステ(Agreste)、セルタン(Sertão)、中北部(Meio-Norte)に分類されるのが一般的である。

沿岸地帯は、バイーア州沿岸からリオ・グランデ・ド・ノルテ州沿岸部まで帯状に伸長する一帯で、年間を通じて雨が多い。ことに南部においてはなおさらである。湿潤地帯であることもあって、植民地時代は大西洋林がブラジル最南部までみられたが、木材開発、サトウキビのプランテーション、都市の拡大・発展などの諸要因で壊滅的な情況にある。

沿岸地帯は、サトウキビの一大中心地で、バイーア州からリオ・グランデ・ド・ノルテ州に至るまで、広範囲で栽培されている。言うまでもなく、サトウキビは車の燃料のアルコールとしても用いられている。植民地時代からペルナンブーコ州は砂糖生産において際立っている。アラゴーアス州やパライーバ州もサトウキビ栽培が盛んで、大農園や製糖工場がみられる。

北東部がサトウキビで成功を収めた主要因は、気候と土壌にある。暑熱で湿潤の気候のみならず、ミネラル分を豊かに含んだ土壌であるマサペー（massapê）はサトウキビの生育にうってつけであった。今では、より進んだ技術を駆使してサトウキビ栽培を行うサンパウロ州が、国内で消費される砂糖とアルコールの半分以上を生産している。

拙訳の『砂糖園の子』（彩流社）（*Menino de Engenho*）を含めたサトウキビ叢書（ciclo de cana de açúcar）で知られるジョゼー・リンス・ド・レーゴには、砂糖園での人々の日常ばかりか、原始的製糖工場（banguê）が近代的な製糖工場（usina）に取って代わられる盛衰の歴史を克明に描いた作品がある。ブラジルの砂糖産業の歴史を垣間見る上でも好個なものなので紹介しておく。

沿岸地帯からいきなり奥地に景観が変わるわけではない。その中間地帯に位置しているのがアグレステである。それゆえか、沿岸地帯ほどに暑熱湿潤気候でなく、奥地ほどに著しく乾燥してもいない。そうした気候状況下にありながら、ブレージョ（brejo）と称される湿地も存在し、そこは畑作に向けられている。この下位地域の土壌は概して固く、石が多い。

アグレステは重要な農業地域である。他の下位地域では大土地所有による大農園が特徴であるが、ここでは小土地所有者の農民による農業経営が際立っている。彼らは綿花以外に大豆、トウモロコシ、マンディオカ（mandioca）［インディオにとってのパンであり主食である。多くの種類が存在するが基本的には2種類で、苦味のあるシアン系の毒を有するマンディオカ・ブラーヴォ（mandioca-bravo）と毒のない甘味のあるマンディオカ・ドセ（mandioca-doce）がある。後者は、北部ではマカシェイラ（macaxeira）、リオではアイピン（aipim）と呼ばれている。マンディオカを擦りおろしたものを大鍋で加熱することで毒抜きがなされる。そのプロセスを経てマンディオカの粉は作られる］などを栽培して沿岸部に供出している。旱魃《かんばつ》の時期になると、アグレステの住民は日雇い人夫として沿岸部へサトウキビの伐採に出向く。あまり世話のかからない山羊や羊を飼っている者が多いのも、この地域の点景の一つだろう。

転じてセルタンは、雨が少なく一年を通じて気温が高い。北東部の大部分はこの下位地域に属する。半乾燥と呼ばれるこうした気候のために、他の3つの地域に較べると人口がもっとも少ない。セルタンに住む大半の人々の生活は旱魃によって、1930年代の幾人かの作家や詩人が描くように、想像を絶するほどに厳しいものがある。ブラジルでもっとも貧しい地域にしている所以である。それかあらぬか、住民は概して信心深い。彼らは旱魃が終息するのをひたすら願う一方で、ルイース・ゴンザーガの「白い翼」（Asa Branca）という詩歌の一節にみるように、宗教行列をしたり祈禱したりして、神に雨乞いをするのである。しかしながら、旱魃がすさまじい時には、彼らはレチランテ［旱魃から逃れる被災者］となって、他の北東部地域もしくは北東部以外、主に南東部へ、一時的ながら安住の地を求めて移住する。

ことほど左様に、北東部の歴史は国内移住の歴史でもある。19世紀後葉のアマゾンのゴム・サイクルはその濫觴《らんしょう》をなすもので、20世紀になると産業の中心地である南東部もしくはブラジリア建設のための労働者として出向いた。この北東部人の国内移住の主たる動機が貧困や旱魃にあることは言を俟《ま》たない。

南東部に次いで2番目に人口の多い北東部（5691万人＝国全体の約27・6％）はブラジルで最も貧しい地域で、それを反映してか一人当たりの国民所得や人間開発指数も他の地域と較べて最も低い。慢性飢餓を含めて栄養失調状態にある人の数が多く、合わせて幼児死亡率や非識字率も想像以上である。深刻な社会病理の大半がこの地に根差していると言っても過言ではない。

国の揺籃の地であることもあって、歴史と伝統に裏打ちされた豊饒の文化や芸術の宝庫と言ってよい。この国を代表する多くの作家や詩人、芸術家が、この北東部ほど輩出されているのは偶然ではない。精神風土と政治性は奥地の場合、社会学的で階級闘争の要素を含んだポレミカルな革命的土壌がある。それに対してヴィアーナ・モウグの言では、バイーアの場合は、社会的なカラーのないアカデミズムの風土に特徴があるようだ。

乾生の植物育む白い森《カアチンガ》インディオのことば現在《いま》に繋いで
雨乞いが徒労と化したひとびとは恵みの地へと移り住みゆく
ゆるゆるとゴンザーガの詩《うた》はこばれて白い翼が領土を駆ける

## ブラジル性を投影した国民文化の集積地

「バイーアを見ずして、死に給うことなかれ」と言われるほどに、バイーア、すなわちサルヴァドールは魅力にあふれた街である。一説では、３６５もの教会があり、黒人住民の多いことから「黒いローマ」とも称される。旧《ふる》い記念建造物がそこかしこに残っており、さも街全体が博物館のようだ。

と言うのもそれが、地層図のように積み重なる過去５００年の時間を、サルヴァドールという一つの空間の中にそっくり閉じ込めているからだろう。しかもこの街は、風光明媚であるだけでなく、アフロ系の濃厚な宗教や食文化、多義性を秘めたカポエイラ［格闘技の一種］、土俗的なカーニバルに表徴される数々のフォークロア、芸術、音楽等々、観光には事欠かず、訪れる者を十二分に満喫させてくれる。

だが、この種の魅力は何もバイーア州に限ったことではなく、北東部全体について言えることだろう。であるから、北東部の津々浦々を旅すれば、あまたの魅力を発見すること請け合いだ。自らの好尚ながら、フォルタレーザとは対照的に「ブラジルのアテネ」と称され、過去の歴史の中に生きているような、ババスー椰子が茂りアズレージョ〔彩色陶板〕で装飾されたマラニャン州の州都サン・ルイース、白砂の磯洗う、緑なすセアラーの海原に帆走するジャンガーダ〔三角形の帆をつけた漁舟〕、思わずオー、リンダ（Ô Linda! ＝まぁ、何と美しい！）と口から発せずにはおれない、オリンダの世界遺産にもなっている絵画的な宗教建築群、内陸部セルトンの半砂漠のカアチンガ地帯を煌々とあやしく照らす月光と、そこに群落するサボテンなどの有棘植物が点在する自然景観、北東部の詩情を高々と哀愁を込めて歌い上げる即興詩人《レペンティスタ》たち、オリンダと隣接する、17世紀オランダ風の香気が漂う「ブラジルのベニス」と形容されるペルナンブーコ州の州都レシーフェ、肥沃土マサペーの上に綿々と波打って広がるサトウキビ畑などは、そのほんの一例である。40数年前の留学時に、一カ月あまりに及ぶ北東部への巡検の旅を通じて私は、この地にすっかり魅せられ虜になってしまった。爾来、この地域は、私の職業としての学問の主たる対象となっている。

ところで、旱魃のためになす術もなく故里を後にして他の地域に出向いた、罹災した北東部人《ノルデスティーノ》の望郷の念は、ルイース・ゴンザーガの詩歌「白い翼」に吐露されているように、思いの外強いものがある。彼らは干からびた生まれ故郷の大地に慈雨があり、緑の原野が再び生い茂るのを待ち侘びながら、いつの日か帰郷できる日をひたすら神に請い願う。そうした北東部人の心理とはいささか異なるが、私が北東部への郷愁にも似た感情を抱くのはおそらく、この地域が魅力に満ち満ちたアルカディアを想わせる牧歌的な世界であることや、国の基層文化が形成された、原初的で根源的なものを秘めていることによる。

周知のように、ポルトガルにおける国家形成のプロセスが北部地域から展開したように、ブラジルの歴史は北東部から始まった。つまり、この国を「発見」したペドロ・アルヴァレス・カブラル一行が上陸して十字架を打ち建てたポルト・セグーロも、旧宗主国ポルトガルが初めて総督府を置いたのも、はたまた最初の経済サイクルが興ったのも、北東部の地であった。その意味で北東部は事実、この国のかたちのプロトタイプをなしており、それは文化に限らず、半封建的な家父長制社会の伝統や旧植民地的構造といった事象にも痕跡を留めている。

ともあれ、５００年に及ぶ歴史を通じて、北東部ほど多方面に亘ってあまたの人材を輩出したところはない。したがってここは、多様で豊かな芸術文化が集積している、国民文化の中心地と言えるだろう。にもかかわらず、北東部は１９１０年代初頭に至るまで、南東部および南部の住民にとっては知られざる世界であった。「もう一つのブラジル」と言われる所以である。ちなみにその要因は、国内移住が当時まで活発でなかったことや、情報・通信の欠如にあったらしい。この点、北東部が国民の関心を呼び、耳目を集めるようになるのには、１９２０年代後半まで待たねばならなかった。それまでの北東部についての国民一般の認識は皮相的で、周期的に襲う旱魃と、主として貧困に基因する社会問題が山積する地域、といった程度のものでしかなかった。

畢生の大作『大邸宅と奴隷小屋』（日本経済評論）（*Casa Grande & Senzala*）の著者である、ブラジルを代表する社会史家で社会人類学者であるジルベルト・フレイレの記念碑的な書『1926年の地方主義宣言』（*Manifesto Regionalista de 1926*）の刊行によって、これまで蔑まれていた北東部の地方的な伝統と文化的価値の見直しがおこなわれ、とくに郷土色豊かな芸術文化を再評価する気運が一気に高まった。

郷土偏愛や分離主義を意味しないフレイレの唱える地方主義の要諦は、「それぞれの地方が積極的かつ創造的に一つの国民的な組織となるべく、互いに補い合い融通し合える体系」であり、『砂糖園の子』の作者であるジョゼー・リンス・ド・レーゴに言わせれば、「本質的にブラジルの国民性と人間の個性を意識したもの」に他ならなかった。

かくしてフレイレの思想に呼応した、北東部に根差した現代のブラジル文学を代表する作家のグループが、いわゆる地方主義文学を通じてブラジル性を存分に投影した「1930年代小説」を生み出したのである。

文学に限らず、北東部の地域性を発現した音楽、宗教、料理法を含めた食文化などは、他の地域と較べてみてもブラジル性が色濃く反映されている。奥地の峻厳な風土のなかで生まれたセルタネージョ（sertanejo）、バイアン（baião）といった素朴な叙情性で哀愁を誘う音楽、アフリカの原始宗教であるカンドンブレー、デンデー油やココナッツミルク、唐辛子などをふんだんに使ったアフロ・ブラジル料理のアカラジェー、ヴァタパーなどは、その典型であろう。
中でも地方主義文学は、その意味では際立った存在だ。概して作品は、新写実主義の視座から、北東部の多様な自然や文化風土を背景幕として、貧しくも人間性を喪わず、人生を諦観しながら運命に身を任せる、北東部人のありのままの姿を活写している。この点では、北東部の地方主義文学は、南部のそれとはまったく異質のものといってよい。国土認識を通じて真の国民文学を創造することに収斂された、ローカルカラー豊かな北東部の小説はしたがって、私たちを惹きつけてやまないブラジル性という国民文学の持つ本質と独自性において、ナショナル・アイデンティティーの拠り所ともなっているのである。

奇しくも私がこれまで訳した３冊のブラジル文学作品、すなわち『イラセマ』（彩流社）（*Iracema*）、『砂糖園の子』（*Menino de Engenho*）、『カカオ』（*Cacau*）はすべて北東部を舞台にしている。しかも、そのいずれもが、ブラジル性を色濃く投影した好個のものだ。今や静謐《せいひつ》で骨太の叙事詩的な古典となっている、ジョゼー・デ・アレンカールが純乎たる作品に仕上げた民族形成の寓話『イラセマ』。文芸評論家オットー・マリア・カルポーが「きわめてブラジル人的」と称したジョゼー・リンス・ド・レーゴの手になる、プルースト流に北東部の失われた幼年時代を描いた自伝的小説『砂糖園の子』。そして、原色的で目の眩むような強烈な風光のバ

白砂なすセアラーの海岸に設えられたヒロイン、イラセマの立像

イーア南部のカカオ農園での、農業労働者の搾取や階級意識の問題などを主題にした、「カカオ連作」の白眉である『カカオ』。こうした北東部の文学は、扱うテーマは異なるものの、いずれをとっても旧い伝統に裏打ちされた「もう一つのブラジル」の風土や多様な文化、北東部人としての人間の美学などを雄弁に物語っているものが少なくない。私が、淫するほどに北東部文学に虜になっている事由《わけ》はここにあり、「一国民を知る最良の鍵は文学」という、自身の異文化理解に対する信念（考え方）の実践でもある。

いにしえの四百三十八万時間地表の時間《とき》は耕され来て
この地にて眠れる史劇。さめざめと醒めれば其処にもうひとつのブラジル《くに》
少量の 水《アーグア》を含み素っ気なくころがっている路傍の小石
文学の翼に呼ばれしサウダーデ乾涸びた地を祈るひとびと
幅広きひかりの斜面にこどもらが風を呼ぶごと居並びており

Column
## コラム

### 詩《うた》のゴンドラ

大西洋に沿う美しい海岸線とその対照にある奥地を舞台に多くの文学作品を生み出している北東部は、ブラジル文学の発祥地ともいわれるように、沿岸部から奥地へと

詩人らの詩《うた》のゴンドラは文学を開拓していく。複数の奥地、存在の奥地、奥地を実感しながら、その作品群の深みとひそやかな哀切感に読者は嵌《は》まってしまう。

時々は海や山を見ないと落ち込むからと言って、経済都市の人々は、アカデミックな要素と景観をもとめ北東部に旅をするらしい。椰子の木が見事に立ち並ぶ白い砂浜の絵はがきが届いた。短い文のおわりに「イリェウスというところです」と記したその人は、そのままイリェウスに陶酔したのだろう。差出人サインを忘れている。

私が旅したセアラー州フォルタレーザの景観も格別だ。紺碧の海に浮かぶジャンガーダ、白い砂浜に建つ伝承の乙女像「イラセマ」。その鮮やかなコントラストは美しい自然の機能そのものだ。

一方、「こんなにも可愛いエリアが南米にあったなんて！」と、おもわず言葉に出てしまうのがオリンダだ。小高い丘からジオラマのようにまとまって見えるオレンジ色の屋根屋根。まるで別世界にワープしたようなこの街は州都レシーフェとともに建築物も教会もバロック様式の影響をうけている。

誰からか届きし絵文に椰子の木の白い砂浜百キロとあり

ハンモックにひたすら寄せる碧い風アレンカールの詩歌が渡る

オリンダの丘の白日すっぽりと旅情に乗せて飛ばせてみたい

「黒いローマ」と呼ばれる情熱の街サルヴァドール

バイーア州の都サルヴァドールは、街全体がさながら博物館のよう。それはあまたの旧い文化的、歴史的な建造物がたくさん残っているからだけではない。地層図のように積み重なった過去の時間を、街全体の空間に包み込んでいるような雰囲気を醸し出していることもあるからだろう。それかあらぬか、この街を歩くこと自体、連綿と続く歴史的な時間の流れの中を歩くような気がする。ポルトガルの北部がそうであったように、バイーアはある意味で国家形成の発祥の地である。従って、われわれがブラジルという国を真に理解しようとなれば、同時にバイーアの歴史や文化についての知見も深める必要がありそうだ。よく「バイーアを見ずして、死に給うことなかれ」と言われる所以もそこにある。

ともあれ私は、重層的な歴史を刻み、そこかしこが原色で描いたような絵画的な街並みの、坂や曲がりくねった狭い路地の多い旧都サルヴァドールに強く惹かれるものがある。

一説では、365もの教会や天主堂が点在すると言われるサルヴァドール市内。レコンカヴォ（recôncavo）と称されるバイーア周辺部を含めたこの地を訪ねれば、他のどの都市や地域よりもアフロ系住民の多さに気づかされるだろう。ことほど左様に、あまたある古色蒼然たる宗教的建築物に加えて、かつての奴隷の末裔であるアフロ系の人々［黒人（15・7％）および他の民族と混交した褐色系《パルド》の人たち（63・4％）］が多く集住していることで、このバイーアが「黒いローマ」とも「ネグリチュード（黒人の自文化に対する誇りと意識）の中心地」とも形容されることの合点が行く。

周知のように、植民地時代を通じてブラジルには、二つの出自、すなわち中央および南部アフリカ［東部アフリカのモザンビークを含む］バントゥ系と、西部のスーダンおよびギニア・スーダン系で構成される大量のアフリカ奴隷が導入された。しかしながら、その出自を巡ってはあいまいな点が少なくない。その原因は、奴隷が居住していたところと積出港とが違っていることや、奴隷制廃棄後に、国家の恥とみなされる奴隷制関連の史料をブラジル政府が焚書処分したことなどによる。従って、アフリカのどの地域から強制離散によってブラジルの地に搬入されたかについてはあまり解明されてこなかったのが実情だった。ところが、昨今のアフリカ研究の飛躍的な進展に伴い、アフリカ黒人奴隷のルーツもほぼ明らかにされてきている。例えば、サンティアゴ・デ・コンポステーラ大学の生物学者アントーニオ・サーラスなどのDNA鑑定による研究はその典型だろう。

この研究を通じて、黒人のみならず一部のブラジルの白人の先祖さえも、アフリカ中西部にルーツがあることが判明した。ちなみに、米国（53％）やパナマ、ドミニカ共和国、ベリーズのような中南米の国（69％）では、アフリカ西部にルーツを持つ黒人が多い。ブラジルの黒人奴隷の出自が主としてアフリカの二地域からであることは前述したが、歴史史料等に基づくとブラジルでは、量的に多数を占めるバントゥ語系統の言語を話すアンゴラおよびコンゴ出身の奴隷の存在が大きい。むろん、東部アフリカのモザンビークの出である奴隷も含まれるが、同じ系統の黒人集団でありながらブラジルでの貢献度は相対的に低いとみなされている。以下に述べる本題の、バイーアで主流を占める西部アフリカ出自のヨルバ族などのスーダン系は数のうえではバントゥ系に及ばないものの、その存在は黙過しえないものがある。何故なら、この出自の民族は後述するように、宗教はむろん、料理法や音楽、言語、服飾などあらゆる領域においてブラジル文化に多大の影響を与え、と同時に、バイーアを拠点にしてネグリチュード運動の中心的役割を果たしながらアフリカ世界の醸成と再生に尽力してきたからである。

ところで、黒人の多さが突出していた点で、植民期当初のバイーアは〝ニュー・ギニア〟とまで年代記者や旅行家の間ではみられていた。その意味で、16世紀第二半期から17世紀に沿って、バイーアの奴隷の大半はアフリカ中西部から送り込まれたものだ。人間とはみなされず部品《ペッサ》扱いされた奴隷の多くが、アンゴラのルアンダの港やコンゴ、ベンゲーラなどの他の地域から船積みされたことによって、「アンゴラ・サイクル」（ciclo de Angola）と称されていた。

結果として、バイーアにはアンゴラ族、コンゴ族、キンブンド族、マサンガーノ族、ベンゲーラ族に代表される数多くの中西部出自の黒人集団が居住することとなり、それは一時的ながらアフリカ中西部を想起させるかのような印象すら与えていた。ところが、1641年にアンゴラがオランダ人に占拠されると、この地で売買に携わっていた奴隷交易人たちは取引の場を西部地域へ移動することを余儀なくされた。そして彼らの活動の舞台は、ミーナ海岸など西部アフリカ地域が中心軸となる。これに呼応するかのように、奴隷購入の代金として当時バイーアで生産されていたタバコが、奴隷貿易を展開するうえで大いに寄与したことは特筆すべきかもしれない。かくして、西アフリカからミーナ族、アルダ（＝アルドゥラ族）といった主要な民族集団が来着した。

ポルトガル人は1648年アンゴラを奪回しこの地域での奴隷貿易も復活するが、1685年にベシーガ［bexiga］と現地の人が呼ぶ天然痘が猖獗《しょうけつ》を極めると、瞬く間に凋落する。これにはさらに他の二つの要因が重なる。つまり一つは、アンティール諸島で生産されるサトウキビとブラジルのそれとがヨーロッパ市場において競合する情況のなかで、アンゴラからの奴隷の価格が高騰したこと。もう一つは、17世紀の末葉、ミナス・ジェライスで金鉱が発見されたことで、アンゴラ奴隷に代わって、金鉱探査の知識を持つ西部アフリカのミーナ族に対する需要が高まったことである。これらの情況や環境の変化は西アフリカとの結びつきを一段と深化させ、バイーアとミーナ海岸との間の奴隷貿易を確固たるものにした。

18世紀になると、ミーナ族はバイーア州全域でアフリカ奴隷の多数を占め、サルヴァドール市内でも顕著な存在となった。このことは同世紀の第一半期の奴隷目録からも裏付けられる。この目録によると、バイーア全域の黒人部族の中でのミーナ族の割合は、アンゴラ族が16・66％であるのに対して26・79％であり、首位の座を占めている。

このように、17世紀から18世紀の間のバイーアにおける黒人の民族構成は様変わりする。とくにアンゴラ、コンゴ、マサンガーノ、マタンバの部族で構成される中西部アフリカからの奴隷は、西部アフリカのスーダン系の下位集団のジェジェ、ナゴー、ミーナなどに取って代わる。そうした西アフリカの出自のスーダンおよびギニア・スーダン系に言及すると、前者はヨルバ、ファンチ・アシャンチ、エウェなどの部族が主流を占め、ナゴー、ジェジェ、ミーナなどが下位集団に属する。後者の下位集団にはハウサ、フラーニ、マンディンゴなどが挙げられ、多くはイスラム化している。これらの部族の全てはバイーアと深い係わりがある、つまりブラジルの文化への影響という意味において。のみならず、かかる黒人民族集団は特にバイーアの地において、一部は習合［シンクレティズム］したものになっているが、アフリカの先祖たちが代々受け継いだ独自の伝統や文化を再生させることに成功している。

そうしたサルヴァドール市内で垣間見られる西部アフリカの文化が現出した例は、枚挙に遑《いとま》がない。文化的価値の点から、バントゥ系とスーダン系の間の優位性の問題はこれまであまり議論の対象とはならなかった。が、数の多さでバントゥ系を評価・重視する点は否めなかった。その点、医者にして人類学者でもあったニーナ・ロドリゲスが、黒人文化の中でのスーダン文化、とりわけナゴーとジェジェ文化の優位性を力説している点は刮目すべきだろう。事実、スーダン系の黒人奴隷とその末裔は、宗教や習俗等の価値・伝統側面において重要な機能を果たし、キューバ同様に自文化形成に寄与してきたのである。市内の歴史地区の街角にはきまって、アフリカからもたらされたデンデゼイロ（dendezeiro）［一種のヤシの木］から採取したデンデー油や胡椒、香辛料をふんだんに使ったアカラジェー（acarajé）などの西アフリカ起源の典型的な料理のいくつかに出遭う。ビリンバウやタンボルなどと共に奏でられる楽器も多くはルーツが西アフリカにある。昔、奴隷広場であったペロウリーニョ界隈をそぞろ歩けば、そうした音色を一日たりとも耳にしない日はない。カンドンブレーに例を見るように、宗教面でのヨルバ（ナゴー）系の影響は大きい。ことほど左様に、西アフリカの文化は服飾、言語などの多方面の領域に及んでいる。ちなみに、ブラジルで話されるポルトガル語にはあきらかにアフリカ言語の影響があり、インディオの言語的影響が水平的であるのに対して、アフリカのそれは垂直的であるとみなされている。３０００以上の語彙がポルトガル語化し、バイーアで用いられるヨルバ語の90％は宗教、神話、飲食物、料理（法）、超自然物関連のものである。

ポルトガルおよびインディオと並んで、アフリカ要素はブラジル文化の基底を成す重要な存在である。にもかかわらず、正当に評価されるのには20世紀に至るまで待たねばならなかっ

かつて奴隷が売買されていたサルヴァドールの中心地ペロウリーニョ広場

た。ところが、２００３年、ルーラ大統領が「教育基本法」でアフロ・ブラジルの歴史と文化を初等・中等教育で教えることを義務づけて以来、アフロ・ブラジル系の人々の文化に対する関心はブラジル内外で高まりをみせている。単に黒人という一括りにしたものではない、多様な黒人民族集団がブラジルには存在すること。そしてバイーアに限って言えば、スーダン系の人たちが集住することもあって、さながら彼らの出自である西アフリカを彷彿させる、ヨルバ（ナゴー）やミーナの豊かな文化が息づいていること。読者の皆様にもしブラジルのこの地域を訪ねる機会がおありでしたら、こうした点にも目を配って、全聖徒湾が拡がるサルヴァドールのアフリカ的な世界の文化を堪能していただきたい。

灼熱の黒い母液が立ち上げるサルヴァドールの
確かな白昼
ふつふつと神話、音楽、食文化、アフリカルー

ッに染む歴史街

過去を呼ぶ黒いローマに諾《うべな》いつ路地をあつめる愉快な旅人

奥地からはだしの子らが駆けてくる可視光線をたっぷり浴びて

サトウキビ運搬汽車がうっかりと奴隷文化を積み残したり

「もう一つのブラジル」と称されるセルタン

北東部、わけてもセルタン（Sertão）はその持つ特殊性から「もう一つのブラジル」と称される。それゆえに、そこにみられるすべての芸術・文化には他に類例のない存在感がある。したがって、知識人、文人、芸術家の多くがこれまでにも、この地特有の自然・文化景観やそこに生きる住民をテーマに据えて作品化し、研究の成果を残している。一例として、そうした小説家、詩人、音楽家、造形作家たちは、自らの言語とイメージで、セルタンの不毛な乾燥地での糊口を凌ぐ人たちの生存競争、冷酷無情にも零細民を収奪・搾取する農園主、貧困のあまり狂信的になって政府と戦う邪教徒集団、旱魃に喘ぎながらひたすら雨乞いする人たちを主題にして描写したり創作したりしている。

Ｆ・ジュリアンの『重いくびきの下で─ブラジル農民解放闘争─』（岩波新書）の書に表徴されるように、そもそも奥地は、旱魃に加えて農園主や地方ボス（コロネル）による搾取と圧政による貧困が絶えず、革命的な文学が生まれ、と同時に社会運動が出来する精神風土があった。共和制の樹立直後にバイーア州奥地で起きたカヌードス戦争などは、その典型だろう。そしてそれは、著者のエウクリーデス・ダ・クーニャの手によって壮大な叙事的ノンフィクション小説『奥地』となって結晶化する。この作品は奥地住民（セルタネージョ）の貧困を描いた社会文学に他ならないが、雄渾にして清冽なリリシズムあふれる文体で、地理学や人類学などの学際的な視座から地域の自然景観と住民について記述しながら、カヌードス戦争を主題にしている。南東部のリオやサンパウロという近代思想の中心地から遠征してくる政府軍と、海から隔たった周縁の貧しい農民との間の、相互にもっとも不寛容な戦いであり、農民の側からすれば、世界終末の戦争の感がする。

この作品を通じて当の著者であるクーニャは、「もう一つのブラジル」と目される北東部の赤裸々な現実を国民の間に知らしめ、と同時に、「ブラジル人とは何か」を問うた点で内外の耳目を引くこととなった。

ノーベル文学賞作家のＭ・バルガス＝リョサが、世界文学に匹敵する『奥地』に想を得て『世界終末戦争』（新潮社）の題で作品化したのはよく知られたところである。そして、シュテファン・ツヴァイクは同作品を「稀に見る偉大な叙事詩」と捉えた。他方、ブラジル南部を代表する地方主義者のエリコ・ヴェリッシモは、「もし自分がブラジル文学の中で外国語に翻訳・紹介するとすれば、『奥地』を選ぶことになるだろう」と述べている。ことほど左様に『奥地』は今や、文学のジャンルを超えてさまざまな領域で研究の対象となり、ブラジルを理解するための基本文献の一つとなっている。

奥地をテーマとしたもう一つの重要な文学作品はおそらく、ギマランエス・ローザの手になる『大いなる奥地:小径』(筑摩書房)かもしれない。ローザはジャーナリストであった『奥地』の作者との対話を通じて「奥地」を創造した。そして、自らの手法で、ブラジル人自身にとって理解の及ばなかった知られざる「もう一つのブラジル」を究明することに心血を注いだ。究極において、ローザの主題は「奥地」(Sertão)ではなく「複数の奥地」(Sertões)であった。そのために作家は方々の奥地を遊歴し、登場人物である邪教徒を知る意味で植生や気候、地勢などへの知見を深めた。ネオロジズム(新語)の使用やセルタネージョの典型的な口頭言語を駆使して、散文とも詩とも言えぬ新しい形態の叙述表現を編み出した。千年王国運動もしくはメシア主義運動を描いたクーニャを取り上げたとすれば、ここで劇作家のアリアーノ・スアスーナを黙過するわけにはいかない。ペルナンブーコ州内陸部のサン・ジョゼー・ド・ベルモンテで起きたメシア主義運動を小説化した『王国の石』(*A Pedra do Reino*)を発表して一躍時代の寵児になったのみならず、北東部の文化復興運動に誠心誠意尽力した意味で、北東部を語る際には無視できない存在だからである。

奥地を扱った文学ではその他、ラッケル・デ・ケイロース、グラシリアーノ・ラーモスなどの、北東部の地方主義を代表する作家たちが描いた旱魃を主題にした優れた作品があるが、これまでにもたびたび言及しているので、ここでは割愛する。

北東部の民衆文化はきわめて豊かである。コルデル文学（Literatura de Cordel）や即興詩がある一方で、ジョアン・カブラル・デ・メーロ・ネットの、貧しい北東部人の生活を克明に綴った劇詩『セヴェリーナの死と生』があることも想起すべきであろう。

翻って、音楽と言えば、トライアングルとアコーディオンを駆使した作曲家にして歌手のルイース・ゴンザーガだ。詩形式で苛酷な旱魃と闘う住民のドラマともいえる「白い翼」の楽想で、彼は一躍有名になった。のみならず、彼のロマンティックな歌声は、国民の心を揺さぶることとなり、と同時に、北東部の文化の真髄を知らしめることとなった。

ブラジルの映画において北東部、なかんずくその風景と住民は欠かすことのできない存在である。映画会社ヴェーラ・クルースが最初に映画化したのも匪賊（cangaço）であった。グラシリアーノ・ラーモスの最高傑作『干からびた生活』で脚光を浴びたネルソン・ペレイラ・ドス・サントス監督は他方において、国民的作家ジョルジェ・アマードの作品である『奇跡の天蓋』をベースにした映画もつくった。またウォルター・サレスの場合は、リオから北東部奥地という通常とは逆の国内移住への旅をモチーフにした「セントラルステーション」で国際的な名声を得た。同様に、1960年代のブラジル映画の言語と内容の刷新を標榜した「新映画」運動の中心的人物であったグラウベル・ローシャ監督といえば、「太陽の地（奥地）の神と悪魔」の作品において、高度に洗練され刷新された言語で、北東部をテーマ化したものであった。

民衆を前にして演じる即興詩人

造形芸術も然り。北東部のそれは独創的で、時を追うごとに評価が高まっている。その理由は比較的に単純である。つまり、民衆詩を含めた文学、音楽、祭典などの領域における強い伝統が、視覚芸術の形態で表現され色彩的な具象性を帯びているからだ。その点で、北東部の造形芸術家たちの作品の大半は、ブラジルの他の地域の芸術家たちにみられるような、より抽象的な芸術の傾向とは一種異なる特色のものだろう。概して北東部の芸術家たちは、土地の神話によって強く刻印された作品を生み出す傾向があることから、批評家にはプリミティブなものと分類されているようだ。

ブラジルでもっとも知られている作品と言えばおそらく、カンディド・ポルチナリの「レチランテス」（*Retirantes*）［北東部の旱魃から逃れ他地域に移住する人」だろう。ジェッツーリオ・ヴァルガスによる新国家の独裁時の１９４４年に発表され、貧困にあえぐ人たちの社会批判を表出したものとしてつとに有名である。

Column
コラム

## 生きる美学

ブラジル文学には自然環境を軸とした生きる美学が存在する。それはこの国に源をなし、人々の心のなかで醸成され脈々と継がれてきた形のない確かなものであり、旅するわたしたちが、その環境に身や心をゆだねてみても簡単には語れない。語るとすれば自己満足にすぎないだろう。

それでも、謎深い大国を目の当たりに観察することは新鮮でなによりも楽しい。

# 酔いしれて即興詩人の譜《ふ》に集う北東部とふモチーフたちへ

知られざるブラジルを解く芸術の発動体なる美しい石

旅人も創作ノートに記すだろう海のフラット奥地のシャープ

奥地へとさらに奥地へ詩人らを導いてゆく陸のゴンドラ

# 第3章
# メガロポリスをかかえる
# 産業と文化の中心地「南東部」

経済と文化を担う双璧のメガロポリスと金鉱の古都

# 一、南東部の特徴と魅力

## 南東部のあらまし

１９４６年に実施されたブラジル地理統計院による最初の行政区分では、南東部地域は存在しなかった。したがって、サンパウロ州は南部地域に組み入れられ、リオ・デ・ジャネイロ、ミナス・ジェライス、エスピリト・サントの各州は東部地域を構成していた。現在の４つの州に再編されるのは、１９６９年になってからのことである。むろん、連邦府のあったグアナバラ州は１９６０年のブラジリアへの遷都に伴い、リオ・デ・ジャネイロ州に編入された。

南東部は国土のおよそ11％に匹敵する92万㎢の面積を有する。それは広大な北部アマゾン地域の４分の１に相当し、南部に次いで２番目に小さい。しかしながら、サンパウロ、リオ、ベロ・オリゾンテという３つのメガロポリスを抱え、ブラジル地理統計院によれば人口は全地域のなかでもっとも多い（８６３５万人）。都市化の指数も93・１％で、この３つのメガロポリスの人口を合わせれば、実に全人口の19％を占める。

国民総生産の約６割以上がこの地域に集中している。サービス業と商業が活動の中心である。注目すべきは、沿岸部のカンポス海盆（リオ）やサントス海盆（サンパウロ）は国内の原油の約80％を産出している。

言うまでもなく、ラテンアメリカ最大の商工都市であるサンパウロが〝経済の機関車〟として国の経済を牽引しているとすれば、リオの場合は文化の中心地であり、いわばブラジルの表玄関の役割を果たしている。そしてミナス・ジェライス州は18世紀、〝金サイクル〟で花開いた歴史都市であると同時に、最初のブラジル独立運動が出来した「ミナスの陰謀」(Inconfidência Mineira) の地でもある。

南東部はどの地域よりも富が集中していることもあって社会指標も良好である。しかしながら、失業率は高く、犯罪も絶えない。精神・文化風土に関しては、バンデイランテの進取の精神が反映されてサンパウロの場合は普遍的で国際主義と言われている。それに対してライバル関係にあるリオは、カリオカ的アイロニーという言葉で代弁できるような皮肉主義や批判精神が旺盛なところのようだ。そこから風俗画的にして虚無主義的な文化が生まれると言う。盆地という閉鎖的で地理的な影響からミナス・ジェライス州の住民は内向的で懐疑的でもあり、結果として封建主義や地域主義の思想ないしは風土が発現しているとのことだ。

## 国際性と普遍性を宿したサンパウロ

このサンパウロを起点として内陸部に入り込んだバンデイランテに表象されるのか、この都市はアフロ系の文化が色濃く残るサルヴァドールとも、宗教建築等のバロック的芸術の舞台となり政治的独立のきっかけとなった閉鎖的なミナス・ジェライス社会とも、はたまた芸術文化の中心地としてブラジル的なものを常時発信し続けるリオとも、かなり趣を異にする。

ブラジル経済の牽引的役割を果たしながらラテンアメリカ最大の商工都市であるこの都市の人口はゆうに1000万人を超え、周囲の39の市もしくは衛星都市のそれを加えれば巨大な人口2150万人を擁する大サンパウロ圏（Grande São Paulo）を形成している。このメガロポリスはサンパウロ大都市地域（Região Metropolitana de São Paulo）とも称され、コナベーション［連接（担）都市、集合都市］の形成過程で誕生したものである。特筆すべきは、隣接するカンピーナスとサン・ジョゼー・ドス・カンポスと一体となってサンパウロには、ブラジルの〝シリコン・ヴァレー〟と称される先端技術の産業が集積していること。

ところで、サンパウロほど外国移民が集住しているところは他にない。リベルダーデ地区のガルボン・ブエーノ界隈の日本人が多く住む東洋街、ビシーガ地区のイタリア人街、ボン・レチーロ地区のコリアン街、ドイツ系のサント・アマーロ地区、アラブ系民族の揺籃の地として知られるヴィンテ・イ・シンコ・デ・マルソ通り、ロシア、リトアニア、ウクライナなどのスラブ系のヴィーラ・ゼリーナ地区、ポルトガル・マデイラ島民が集まるサンターナ地区などは、その一例である。今は末裔の五世におよぶ時代に入り、日系移民も少なからず市内各地に分散して居住する傾向にある。

このように世界のあらゆる国や地域から流入した都市であることからか、文化的にも多様性に富んでおり、それは時に、サラダボール状に混合し融合したものになっている。その点で、サンパウロはブラジル性が他の地域よりも感じられない印象さえする。言葉を換えれば、その分、国際性と普遍性を内に宿した世界に通有の都市社会の相貌を呈しており、住民も世界人的な感覚を具えている。

イペーの木に黄色い花が咲いている戻り冬にはやさしい夕べ
霧雨《ガローア》も大気汚染も名物と言い切る陽気なパウリスタたち
どこよりも富が偏在する国のいつも通りの姿に添いつつ
セー広場ちかくに商う古書店のらせん階段　蔵書が招く

Column
コラム

## 癒しのサンパウロ美術館

「どこまでもビルが建ち並ぶパウリスタ大通り」とは、サンパウロを形容する常套句だ。大手企業、銀行、日本領事館、ホテルなどが両側に林立している。「スーツ姿のビジネスマンが闊歩する」というのも常套句で、舗道を歩くと俄かに気持ちが馴染んでくるのは御堂筋とどこか似ているせいだろう。霧雨や交通渋滞の合間をストリートチルドレンが走り抜ける。日本では見慣れない光景だがここでは日本人が外国人として観察されることはあまりない。

パウリスタ大通りのほぼ中央に、どっしりとひときわ目立った建造物があった。サンパウロ美術館だ。その前でおもむろに歩みが止まったのは無意識の他はなかった。ほっとする場所をどこかに求めていたのだろう。購入した入場券の薄い一片の手触りが心に安らぎをくれる。館内ではダイナミックな四方の壁に癒されながら中世の名画の数々に浅い光を探していた。

ほっとする場所がみつからないのがこの街の難点というが、約一時間の空路の先には茫洋たる大西洋を望む美しい観光都市リオ・デ・ジャネイロがある。

## 麗しの国際観光都市リオ・デ・ジャネイロ

市の名称であるリオ・デ・ジャネイロは、グアナバラ湾を川（rio）と見誤って一月に発見されたことに由来する。その「一月の川」の意味を持つリオ・デ・ジャネイロ［以下、リオと略す］は、商業地区の中心部「セントロ」以外に、庶民の住む「北部地区《ゾーナ・ノルテ》」と中間層以上の金持ち階級が住む「南部地区《ゾーナ・スール》」に住み分けられているような印象を覚える。

絵画的な自然の美しさをもつリオ・デ・ジャネイロ

　そのリオは創設から今年（２０１９年）で４５４年目を迎える。海岸山脈が大西洋に迫り、グアナバラ湾を取り巻くそこかしこにさも造形美を観るかのような地勢とその絵画的な自然の美しさには息をのむ。そうした風光明媚さに加えて、リオには他の地域にみられない瀟洒《しょうしゃ》な都市景観があり文化の香りが漂う。であるから、ことにイパネマもしくはコパカバーナの海辺で戯れる乙女たちを眺めたりしているとつい、あの人口に膾炙《かいしゃ》した名曲「イパネマの娘」（Garota de Ipanema）の音楽を口ずさみたくもなる。

　リオが世界の名高き美麗な都市のと較べても勝るとも劣ら

ない景観美を誇っているのは、植民地本国のリスボン、次いでパリをモデルにして都市計画がなされたからであろう。事実、リオの都市計画は当初、ポンバル侯爵によるリスボンの「バイシャ地区」のそれがヒントになっている。そして20世紀の初頭になると、時の市長ペレイラ・パソスによって新たな都市構想が打ち出され、その際のモデルになったのはフランスの街並みであった。近代的な都市を目指すために古い町並みは取り壊され、カヌードス戦争後に発現する貧民街などは郊外、例えばジャカレパグアーなどに強制移転させられた。かくして、今日のモダンで華やかな、「麗しの都市《みやこ》」が誕生するのである。

１９６０年にブラジリアへ遷都した後も依然、リオは文化のみならず国際的な高級リゾートとしての機能を失っていない。それかあらぬか、相も変わらずこの国を表徴する存在であり玄関口となっている。パーティーなどではきまってリオ市民（カリオカ）はむろん、他の地域の人までが、リオの美しさを詠った「麗しの都市《みやこ》」（Cidade Maravilhosa）を合唱する。このことからしても、リオがブラジル国民にとっていかに誇りであり素晴らしい都市であるかを知らされる。

私はこのリオに留学のために2年住んでいた。であるから、自然美あふれ垢抜けした街に暮らすこと自体、感動ものであった。そうした風光と都市景観の美しさに圧倒されたのは私だけではなかった。かの『美徳のよろめき』（新潮文庫）の作者である三島由紀夫は、南米紀行を綴った『アポロの杯』（新潮文庫）でリオの自然および都市風景をこう吐露している。

「しかしリオのこの最初の夜景は、私を感動させた。私はリオの名を呼んだ。着陸に移ろうとして、飛行機が翼を傾けた時、リオの燈火の中へなら墜落してもいいような気持がした。自分がなぜこうまでリオに憧れるのか、私にはわからない。きっとそこには何ものかがあるのである。地球の裏側からたえず私を牽引していた何ものかがあるのである。」（47－48頁）

「リオはふしぎなほど完全な都会である。」（50頁）

その一方で、シュテファン・ツヴァイクは『未来の国ブラジル』（河出書房新社）の一節で、こうリオを絶賛している。

「リオに上陸した時、生涯をつうじて最も大きな衝撃を受けた。わたしはブラジルに魅せられると同時に感激した。なぜなら、ここで海と山、都会と熱帯の自然の素晴らしい組み合わせという、地球上で最高の風景美に出会ったのみならず、文明の全く新しい様式を見出したからだ。」（6頁）

リオに魅せられた文人は枚挙にいとまがない。父親が外交官であったことから、まる5年もの間ブラジルに滞在していた堀口大學の場合もそうである。『現代ブラジル文学代表作選』（第一書房）等を通じてブラジル文学の翻訳・紹介にも努めている彼は、前掲書で三島由紀夫が抱いた感想と同じく、幻想的な雰囲気を醸し出すリオを「利甫《リオ》は酔って酔って酔っぱらう天女です」と詠いつつ、この優艶な都市に深く心酔しているのである。他方、五木寛之の場合は、絵葉書き通りのリオの景観を目の当たりにして、なんだか白昼夢を見ているような感じ、とエッセイ『異国の街角で』（集英社文庫）で述べながら、リオの都市が持つ社会相、わけても「灰色の水曜日」に行われるカーニバルについてつぶさに観察している。と同時に、向田邦子同様に巨大魚ピラルクの鱗についても言及し、アマゾン、そしてブラジルのとてつもない大きさをそれに譬えつつ、想像を超えた世界をそこに観ているのである。

リオ市北部地区にあるファヴェーラ：Complexo do Alemão

ところで、リオには豪奢な金持ち階級のマンションが林立する一方で、隣接する山の斜面や岡には、櫛比するファヴェーラ（マージナルな住民の掘っ建て小屋）が存在する。あの華麗なる哀感で描かれるマルセル・カミュ監督の「黒いオルフェ」や、ネルソン・ペレイラ・ドス・サントス監督の「リオ40度」でおなじみの光景である。こうした豊かな階級の人々と下層階級の人々との棲み分けは今もなお截然《せつぜん》としており、それは植民地時代の大農園の邸宅（Casa Grande）と奴隷小屋（Senzala）をいやが応でも想起させられる。と同時に、これもリオ、というよりはブラジルを特徴づける社会病理の最たるものとしての社会格差と不平等の縮図をみるような気がする。

完全な都市リオを呼ぶ紀行文　三島由紀夫が編んだ『アポロの杯』

現世《うつしよ》の五木寛之歩みゆく遠き異国の白昼夢あり

神話より戯曲・脚本・台詞生み「黒いオルフェ」の市電が通る

楽曲がながれる海辺に旅人は一月の川《リオデジャネイロ》をじっと見ている

一枚の幕を下ろして海原が昨夜の喧騒洗いゆきたり

静まれる早朝の浜に愛らしい貝殻たちが砂上に踊る

カンバスに小舟を乗せた水彩画イパネマ浜の夕市に買う

Column コラム

## ファヴェーラの丘

サンパウロから空路をおよそ一時間。リオまで来ると風景が一変する。その日、早朝の浜風は乾いていた。浜辺沿いに、ずっと奥のビーチまで歩くと、天空の城のようにファヴェーラが見える。見上げればそれぞれの軒先あたりで、洗濯物が靡《なび》いている。この地区の確かな鼓動が聞こえるようだ。サッカーボールを抱えた子供たちが、いまにも駆けおりて来そうな弾ける一日の始まり。砂上では不揃いの貝殻たちが戯れていた。

いくつものビーチがあるリオ・デ・ジャネイロでは各々のビーチ固有のモザイク模様が描かれているという。最近知った耳寄りなことだ。

サンダルと白いリネンが靡きあう断崖をひらく天空の街

ファヴェーラの子らは子らしく笑いおり巡回バスもそれらしく走る

道すがら間口《まぐち》の狭きコンビニに邦字新聞さがしてみたり
風そよぐケーブルの駅、イペーの木、電話ボックス、郵便ポスト
大陸の豊かな母液を分かち合い双壁をなすリオ、サンパウロ

Column
コラム

## この街で

なんでもありのこの国の数か月の暮らしの中に、私はすっかり馴染んでいた。環境に呼び寄せられてあるがまま、もうこれ以上はないのだと思えるほどの日々の更新。日ごとのすべてが新しい。

銃声を聞いた明け方、一瞬のまひるまの闇その日が暮れる
断片は時には哀しく鮮明だ　確かにわたしはその街にいた
目の前のひとつのリアル　セントロを知人のバイクが駆け抜ける
磨かれた防弾ガラス、公用車、さらに磨かれ日付が変わる
月曜に非番の少女は帰りゆくエプロンの白が際立つ道を
スーパーの袋と小銭　赤いマニキュア　ミュール鳴らせて行く旧市街
地下鉄を乗り継ぐ駅へ階段を勢いづいてのぼりゆく脚
わたしには間違いだらけのこの国が悲しいほどに好きになる

# 第4章
# ヨーロッパ的な
# 文化景観が魅力の「南部」

西欧の移民文化に洗われて傑出された色彩の都市

# 一、南部の特徴と魅力

## 南部地域のあらまし

３つの州、すなわちパラナー、サンタ・カタリーナおよびリオ・グランデ・ド・スールから成る南部地域。いずれの州も大西洋に面しながら、他方において、スペインの植民地であったパラグアイ、ウルグアイ、アルゼンチンの３カ国と国境を接している。

南部は５つの地域のなかでは最小で、国土の６・７％に匹敵する。しかしながら、人口は多く、およそ２９４４万人（全人口の14・３％）が住んでいる。その南部の住民のおよそ83％がヨーロッパ系出自であることには驚かされる。奴隷制廃棄までは人口の希薄地域であったが、その後の移民労働力政策の奨励や、二つの世界大戦から安全の地を求めた大量の避難民が押し寄せたのが、その主たる要因となっている。

南部の最南端は、アロイオの河川名と、シュイーという郡名とが合わさった、アロイオ・シュイー（Arroio・Chuí）という地名で呼ばれている。植民地時代の南部の都市は、北東部のペルナンブーコおよび南東部のサン・ヴィセンテのように、大西洋沿岸付近で発達した。と言っても、長い間南部の土地は、どちらかといえば忘れられた存在であった。そして、存在するものといえば、デステーロ（今のフロリアノーポリス）、ポルト・ドス・カザイス（今のポルト・アレグレ）、内陸部のイエズス会士の集落や牧畜を営む農園のみであった。その意味で、現在の経済的、文化的特徴を帯びるようになったのは、１８２４年に始まるヨーロッパ移民の到来以降である。

イエズス会士の神父たちはヨーロッパ移民よりはるかに以前の１６１９年この地を踏むが、南部の住民と言えばそれまでは、インディオのみであった。その先住民であるグアラニ族をキリスト教に改宗する目的でイエズス会士は教化村もしくは伝道館を創設した。その内もっとも知られている教化村は、セテ・ポーヴォス・ダス・ミッソンエス（Sete Povos das Missões）だろう。そこで神父とインディオたちは自給のために、家畜を飼ったり小麦などを栽培したりしていた。ちなみに、牛はイエズス会士によって南部に持ち込まれた。豊かなパンパスの草原は牧畜には適していた。したがって、後にポルトガル人とサンパウロ出身者が、大牧場であるエスタンシア（estância）を経営するようになる。

当時、トルデシリャス条約によってその教化村はスペイン領であった。が、１７５０年にスペインとポルトガルとの間で、グアラニ族をアルゼンチンとウルグアイに移住させることが取り決められた。ところが、イエズス会士に主導されて彼らは移住を拒み、ついには歴史に残るかの有名な戦いがポルトガル人との間で交わされることとなった。かくして、イエズス会士はインディオを擁護したかどでブラジルから追放の憂き目に遭う。

そうした歴史はともかく、南部は19世紀前半からのヨーロッパ移民の到来先であった。彼らは小土地を所有しながらポリカルチャーを営み、経済発展に寄与した。

経済面ではサービス部門が際立ってはいるが、繊維や自動車産業、冶金業も盛んである。南部の経済を語るうえで、農牧畜も黙過しえない。何故なら、穀物の国内生産の36％は南部が占めているし、パンパスでの牧畜は南部の主要産業であるから。パラグアイと国境を接するパラナー川に築造された巨大なイタイプ水力発電所の存在も経済に果たす役割が少なくない。

南部の地域は、社会指標がいずれの面でも高い。パラナー州のクリチバにあっては、世界に冠たる環境都市として名を馳せている。「プラーノ・ディレトール・デ・クリチバ（Plano Diretor de Curitiba）」と呼ぶ都市計画の下に、公共交通の優先策、環境汚染対策、リサイクルの推進など、多方面に亘って州都自らが主導したことが功を奏して、都市発展モデルとして高く評価され世界の耳目を引いている。生活の質も最良で、識字率95％、下水設備の普及率96％、一人当たりの平均所得が国のそれの2倍などの例証は、そうした徹底した都市計画の成果によるものだろう。

ヴィアーナ・モウグに言わせれば、南部、ことにリオ・グランデ・ド・スールはユリシーズが描く牧歌的な世界で、そこに住む人間は個人的でナルシストであるらしい。それゆえ、自分たち以外はグリンゴ（外国人）である他の地域の人に対して時に、優越感を覚え、カウジリズム（ボス的支配）的言動もみられるようだ。事実、南部の文学作品を読むにつけそうした感想を抱くのは私だけであろうか。

## 高地に現出したヨーロッパ的な文化景観

原始林で覆われた南部の高原を植民するためにブラジル政府は、外国移民の導入策を推し進めた。かくして、多くの外国移民、なかでもドイツ人、イタリア人、ポーランド人、ウクライナ人などが到来した。ドイツ人は渓谷を好み、主としてリオ・グランデ・ド・スール州とサンタ・カタリーナ州にコロニアを築いた。ブルメナウ、ジョインヴィレ、サン・レオポルド、ノーヴォ・ハンブルゴなどは、ドイツ移民が創立した都市である。

イタリア移民は高原の高地を好み、とりわけリオ・グランデ・ド・スールに居を構えながら、ブドウ栽培とワインの製造を生業とした。彼らが創った都市の中で、カシーアス・ド・スールが特筆するに値する。他方、ポーランド人とウクライナの移民の大半はパラナー州に居住することになったが、最南部の州を目指したものも少なくなかった。

この点で、南部の住民は明らかに他の地域のそれとは異なる。その事由は上述したように、住民の大半がヨーロッパ出自の人たちによって構成されているからである。彼らの文化は従って、出自の習慣や慣習の影響を強く受けている。その一例は、食文化や話し方に如実にも表れている。ある地域、例えばカシーアス・ド・スールの村落地帯やイタジャイー川渓谷では、とくに年老いた農民たちは習慣的に故国の言語をいまだに話している。ヨーロッパ移民の存在は、3つの州のなかでもリオ・グランデ・ド・スールにおいてきわめて顕著である。そこでの農業が、ヨーロッパで営まれているものとあまり変わりないのはその典型だろう。

このように南部地域を旅すれば、その持つ文化景観の端々にヨーロッパ的な様相を垣間見られることから、さながらヨーロッパ世界に佇んでいるような錯覚を覚える。

八月の高原鉄道ひっそりと哀歌のように線路が伸びる
しなやかな光度に映えるヨーロッパ母液のにじむ往来に出る
石畳くだり歩けば花時計みずみずしく打つ正午となりぬ
冬天にそよぐ輝きクリチバの風のすがたよ永遠であれ
世界から今日は十分遅れよう明日も十分遅れていよう

Column
コラム

## 牧歌の向こうへ

南米のヨーロッパともいわれるクリチバは、標高約1000メートルに位置する環境都市だ。その歴史より西欧系住人が多く、色調豊かな装いの人々で往来はあか抜けていた。

教会や美術館のある道を心のままに歩いて行くと、広い通りに出たところにカントリー風のレストランがあった。12時をかなり過ぎていたが、入ると中にはまばらに客がいる。天井が高く好印象な店の愛想のない店主は、卵料理が美味いとだけ言ってメニューを差し出した。品数は少ないものの値段も手ごろで、一品を注文すると10分ほどして、オムレツ風の卵料理の逸品が運ばれてきた。とけるような美味さに、旅の友人は玉子がなによりの好物だと満足そうに頷いた。

腰窓から差す冬のやわらかな光りが、ウォーターグラスに反射している。太陽とは別物の光りだ。

旅の翌日、クリチバから約一時間でフォス・ド・イグアス国際空港に着いた。牧歌のような抒情の道をローカルバスが大瀑布まで運んでくれる。

滝の入り口からしばらくすすむと3カ国の国境地点があり、ブラジル側からはパラグアイとアルゼンチンの国境がよくわかる。有色の三角錐みたいな目印があり、この辺りは「三角地点」。と、居合わせたパラグアイの少女が教えてくれた。日本語を上手に話す少女は色白できれいな肌をしている。きっと豊富な滝のイオンを浴びているからだろう。日本のことはあまり知らないと言い、日本のラーメンを食べてみたいとも言って、涼しい瞳でさよならと手を振った。

日本で暮らすパラグアイ人の友人マベルちゃんに少し似ていた。遊歩道の向こうには大小の虹が架かっている。

虹の上流、パラグアイとの国境には世界最大のイタイプダム湖があるそうだ。

おおいなる科学反応イグアスの大気に触れてマイナスイオン
パラグアイ、アルゼンチンからブラジルへプリズムのように光が折れる
「この橋を渡っておいでパラグアイまで」思わせぶりする国境の虹

タンゴショー舞台をキュッと引き締めて踊り子たちのキュートな肢体
都市圏がモデル化される傍らに牧歌のむこうへ長いおつかい
届かない虹の上流ゆらめきてイタイプダム湖の音を聴いている

南部の景観を飾るパラナー松

## 牧畜に最適なリオ・グランデ・ド・スールの植生

南回帰線がパラナー州北部を横切っている。従って、概して南部地域の大半は熱帯に属さない。その結果、国内のどの地域よりも気温は低い。夏には、暑熱の湿った南東貿易風が地域一帯に吹くので、雨も頻繁で高温となる。が、冬には南からの大気が押し寄せる。こうした特徴から、熱帯であるパラナー州北部を除いて、南部の気候は湿潤亜熱帯である。

平均気温は当然のことながら、南に向かうほど低くなる。そして、高地では冬は降雪することさえある。

ところで、南部のもっとも特徴的な植生は、科学名では

「アラウカーリア・アングスチフォーリア」と称されるパラナー松である。この植物は低温を好むので南部高原の比較的に高い所にみられていた。軟材であることからペーパーやボール紙の原料として多用された。そのことによって今では激減している。伐採地域での植林もなされ始めているが、元のままの植生状況に回復させるのには程遠いものがある。

パラナー松と並んで南部の植生を特徴づけるものは、カンポだろう。これには２つのタイプ、すなわちカンパーニャ・ガウーシャと高原のカンポとがある。前者はリオ・グランデ・ド・スール州南部および西部に存在し、通常パンパス（pampas）と呼ばれる景観を言う。文字通りイネ科の植物が縹渺《ひょうびょう》たる草原が丘陵を覆い、牧畜にとって絶好の天然牧場となっている。対する後者の高原のカンポは通常、砂の多い痩せた土壌にみられる。カンピーナスには質的に劣るとは言え、牧畜に適している。リオ・グランデ・ド・スール州が牧畜面で突出しているのは、上述の植生の他に、好条件の気候と丘陵（coxilhas）からなる地勢によるものであろう。

18世紀になると、州の約60％を占める、アルゼンチンとウルグアイにまたがるパンパスは牧畜の中心地となり、ブラジル人ばかりかポルトガル人をも招来することとなった。しかも、鉱業でミナス・ジェライス州が経済活動の中心地になってからも、その地に向けての供給地となった。爾来、牧畜はカンパーニャ・ガウーシャの主要な経済活動となっている。南部の他の地域では、商業農業に傾斜しているものの、牧畜の重要性があることには変わりがない。

## 植生のパラナー松に請われつつ降雪をみる南部高原

### 縹渺《ひょうびょう》とイネ科の広野は息吹くごと天然牧場を生むパンパス

#### 大草原パンパスに生きる人間像ガウーショ

さしずめ北東部セルタン半乾燥地帯の典型的な人間像がヴァケイロ（vaqueiro）であるとするならば、リオ・グランデ・ド・スールのそれは、ガウーショ（gaúcho）だろう。いずれも牧童を意味するが、後者は広義には、リオ・グランデ・ド・スール州生まれの人を指す。この言葉は1800年以降、一般化したと言われている。それまで、この州出身の人は、コンチネンティーノ（continentino）もしくはリオグランデンセ（rio-grandense）と呼ばれていたのである。パンパスで家畜の世話をするガウーショは、インディオ、スペインおよびポルトガル人の間の人種混交から生まれた。ごろつきや泥棒のような、責任感のなさ、平和を乱し荒くれだった性状もしくは性格などから、昔はあまりよくみられていなかったようだ。

が、牧場増加という労働構造の変化に伴い、ガウーショは農村社会の一員に組み込まれ、大牧場《エスタンシア》（estância）の牧童となった。そして、特にファロピーリャ戦争［牧場主たちの中央政府に対する輸入政策に関する要望が受け入れられず、民衆のファラーポスを動員して、ピラティーニ共和国を宣言しながら中央政府に立ち向かった」の後、一転してガウーショは威厳があって勇猛果敢な郷土の士とみなされるようになった。

南部の地方主義文学には唯一、異彩を放つ、エリコ・ヴェリッシモの三部作から成る大河小説『時と風』(*Tempo e Vento*) がある。これはまさしく、18世紀のその起源から1946年までの、リオ・グランデ・ド・スールの社会、経済、政治形成のサガを叙述したものであるが、作品のそこかしこにパンパスのケンタウロスたるガウーショの、気高くて男らしい人間像が造形されている。

パンパスの草原をゆく牧童《ガウーショ》のすがた凜々しく脳裏を駆ける
大木の根元あかるむ一点にだれが添えたか神の祈禱符

今日、ガウーショは、アルゼンチンとウルグアイの近隣諸国に加えて、インディオ、黒人、ポルトガル人、スペイン人、ドイツ人、イタリア人の影響を受けている。であるから、彼らの話す言葉にも地域言語特有の〝訛り〟が感じられる。概して彼らは、自分たちの先祖を敬い伝統を重んじ、土地への愛着が強い。と同時に、自由であることをことさら好む。牧童であるこ

パンパスの主《あるじ》ガウーショ（右）、カアチンガの典型的人間像ヴァケイロ（左）
出典：IBGE *Tipos e Aspectos do Brasil*

とから当然のことながら、手綱さばきや牛を捕獲するボレアデイラス、投げ縄も実に巧みである。

ヴァケイロとガウーショとの間には、生活様式、風俗、習慣のみならず、日頃、仕事中に身につける服装まで違いがみられる。前者が暮らす奥地のカアチンガ地帯は半乾燥気候に堪える有刺植物が多い。したがって、彼らは防護服として全身に革製のものをまとう。ペルネイラ（perneira）と呼ぶ革製のズボンや胸当てペイトラル（peitoral）などはその典型例だろう。

他方、ガウーショは、半長靴に乗馬袴《ボンバッシャス》［足首を除く太めのズボン］（bombachas）の出で立ちである。彼らの好む食べ物と言えば、シュラスコ（churrasco）と干し肉を加えた米料理であるアロイス・デ・カレッテイロ（arroz de carreteiro）が定番となっている。私たち日本人にとってお茶が習慣であるように、彼らにとってはシマラン（chimarrão）が欠かせない。しかも、沸かしたそのマテ茶はヒョウタン型の容器に入れられ金属製のストローであるボンバ（bomba）で回し飲みされることもあって、もてなしと友情のシンボルともなっている。中西部では、マテ茶を冷やしたテレレー（tererê）がお茶代わりに愛飲される。これとても、開発時に流入したガウーショのもたらした慣習である。リオ・グランデ・ド・スール州と違って中西部は暑熱なので、冷やしたものになった次第。

## 和気あいあいと牧童たちが回し飲むシマランという温かなマテ茶《おちゃ》

# 第5章
# 農牧業のフロンティアと未来都市が同居する「中西部」

食料を生み人間を養う土のフロンティアと大湿原

# 一、中西部の特徴と魅力

## 中西部のあらまし

１９４１年に連邦政府が行った行政区分では、中西部はマット・グロッソ州とゴイアース州の２つのみであった。リオからブラジリアへ遷都されたことによってはじめて、ゴイアース州に連邦政府が置かれるようになった。

それからほぼ20年後、マット・グロッソ州は２分割された。北部地方は旧来のマット・グロッソの州名を残したままで、南部地方がマット・グロッソ・ド・スールとなった。さらに１９８８年には、ゴイアース州も分割されることとなり、南部地方は従来の州名が維持されたのに対して、北部地方はトカンチンスという新たな州名となり、しかも北部アマゾン地域に編入された。ちなみに、マット・グロッソ州の分割は、偶然なされたものではけしてない。分割後のマット・グロッソ州がアマゾンに通じるのに対して、マット・グロッソ・ド・スール州の場合はサンパウロに直結する、経済戦略的な拠点として経済発展を見越しての発想によるものである。

現在の中西部は連邦府と共に３つの州から構成され、国土のほぼ19％を占める拡がりを持つ。人口は国全体の7・6％に当たる約1566万人が住んでいる。

地勢は古い地層からなる楯状台地と、パラグアイ水系の低平なパンタナルに特色づけられる。

植民地時代にすでにこの地域には、サンパウロを起点とした奥地探検隊員以外に、牧畜を営む目的での南部および南東部からの流入があった。1950年代になると、ブラジリア建設のために主として北東部から多数の労働者が殺到した。農業のフロンティアであることでこうした国内移住者の流入は続き、2015年のブラジル地理統計院によれば、中西部は他のどの地域よりも受け入れているようだ。

中西部の経済成長はひとえに牧畜によるところが大きい。およそ7200万頭の家畜が飼育されているといわれ、それは国全体の3分の1に相当する。農業もこの地域の中核をなし、その一翼を担う農産物は、綿花、トウモロコシ、なかでも大豆である。その大豆の生産量は国内のほぼ半分を占める。牧畜開発のみならず、セラード土壌に順応した大豆や穀物栽培の北部アマゾン地域への拡大に伴い、中西部は環境破壊という深刻な問題に直面しているのも事実である。鉱山活動は、昔は金、ダイヤモンドの採掘が主であったが、この地域には石灰岩、銅、ニッケル、マンガンも産出する。

## 世界最大の大湿原パンタナル

もともと私が阿蘇の大自然に育ったこともあろうか、世界最大の沼沢地にして湿原地帯であるパンタナル（Pantanal）の自然景観とそこに棲息する動植物相を初めて観て、たちまち虜になった。であるから、今回を含めてそのパンタナルへの旅は実に四十数回に及ぶ。

クイアバーからパンタナルへの入り口「パンタナル横断道路」

１９８０年代頃からすでに、自然環境保護の活動に活発なドイツなどでは、生態学的聖域としてのパンタナルの存在が耳目を引き、エコツーリズム（生態観光）のかたちで訪ねる者も少なくなかった。これには、この地を舞台にしたテレビ小説がブラジルで放映され、爆発的な人気を博したことも一因となっている。

パンタナルは、マット・グロッソ州南西部およびマット・グロッソ・ド・スール州北西部のみならず、近隣諸国のボリビア、パラグアイ並びにアルゼンチンにまで拡がり、このスペイン語系の国ではチャコ平原（chaco）と言う名で呼ばれている。ペルナンブーコ州よりもやや大きい、ブラジル国土のおよそ11万㎢を占める、この国に6つあるビオームの中の一つである。ちなみに、湿原地帯の3分の1はマット・グロッソ州、残りがマット・グロッソ・ド・スール州に属する。

ところで、度重なる踏査や巡検に加えて、訪ねるごとに場所を変えたことによって判ったことであるが、一口にパンタナルと言っても、その様相はスポットによってかなり異なる。いくつかのパンタナルが存在すると言われる所以である。そのパンタナルは標高約80〜150メートルの低平な、さながら鍋底状を呈する閉鎖的な空間であるので、雨季（10月〜3月）ともなればパラグアイ川を主流とするネグロ川、クイアバーなどのパラグアイ水系の河川が氾濫し、約7割の平原はシャラエースの海と化す〝シャラエースの海〟と称されるのは、この一帯に居住していたシャラエース族に由来する。出水で水没すると、多くの道路は通行不能となる。すると、パンタナルの住民であるパンタネイロは、モンタリアと呼ばれる丸木舟か船外機付きのボートを交通手段に用いる。他方、低地にある農園や集落は生活必需品を得る都市から孤立することから、月に一度程度やって来るシャラーナと言う平底船の巡回売店に頼ることになる。この出水期は牛飼いたちであるペオン（peão）にとっては一大難事である。自らが管理する多数の牛を、より安全な高台に移動させなければならないからである。かくして牛追い（boiadeiro）たちがパンタナルのそこかしこに登場し、その光景は圧巻と言うしかない。

転じて、パンタナルの自然とその動植物相は文字通り、生態学的聖域そのものである。貴重な自然環境はむろん、世界屈指の生物多様性の豊かさがそれを物語っている。故にブラジル政府は、水鳥を食物連鎖の頂点とする湿地の生態系を保全するラムサール条約に１９９３年に調印している。他方２０００年には、世界（自然）遺産にも登録されている。

セラードの原野に一斉に開花したイペーの群落

茂みのあちこちであでやかに咲き誇るイペー（＝ピウーヴァ）の木を背景にした、満目の水の風景。頭上では多様な水鳥や鷹などの猛禽類が乱舞し、湖沼にはおびただしい数のジャカレー（メガネカイマン鰐）が日向ぼっこをしている。断片的ながら、そんな形容しがたい光景を目の当たりにしただけでもその美しさに言葉を失いそうになる。ゆったりと時の流れるそんなパンタナルにどっぷりと浸かると、心身ともに癒される。昼時に決まって吹き荒ぶ熱風を現地の詩人は「光の風」に譬えたが、美味しいその地の料理を堪能し、涼しい木陰に吊るされているハンモックの中でまどろむのもよし。真っ暗闇の中で甲虫の放つ幻妙な光を横目に、満天に輝く無数の星、ことに南十字星を眺め入るのもよし。パンタナルは現実の詩の世界のよう。こんな大自然と動物の世界を、皆さんも一度は訪ねて頂きたい。

三方に地は駆けゆける大湿原《パンタナル》　国を渡ればチャコ《チャコ》平原とも呼ばれる
水鳥の棲む湿地帯のやすらぎ。政府が調印《お》したラムサール条約

Column
コラム

## 季節が生まれる

生成から6千万年もの年月を重ねたパンタナル大湿原の夜明けは実に幻想的だ。太陽系のなかでたったひとつ季節を授けられた惑星、地球に季節が生まれる瞬間のように。

地球生命体がいっせいに眠りから覚める0《ゼロ》の季節、太陽に隠れた美しい色が表出する。

雨季になると約7割が水没するというパンタナル大湿原の陸の横断路、トランスパンタネイラを行くと、湖沼に咲くひとむらのあおい草が、乾いた陸に潤いを分かつ。光の風が赤土の道を渡っていくようだ。

道路のところどころの窪みに、橋板を架けながらパンタナルのバスはゆっくりすすむ。太陽はまだ高く、ワニやカピバラたちは水辺に憩い、アナコンダが横断道路を横切ってゆく。そんなとき、パンタナルのバスは小休止だ。目の前の弱者が通り過ぎるのを見とどけてから出発する。

痩せた牛が、大湿原の草を食んでいた。悠久の牛の時間が大湿原の一部に融合すると、川向こうの木から野鳥の群れがいっせいに飛びたった。スミレインコを肩に抱いた少女とイグアナを両手につかんだ少年は得意顔をしている。いま、この同じ次元に自分がいるという現実。真新しい世界観へ意識が帰属して行く。

旅の二週間目、パンタナルの拠点空港クイアバーを離陸してからどのくらい経っただろうか。飛行が続く。飛んでも、飛んでも一国の領域を出ない。海岸線もまだ見えない、ブラジルという国は主観の範疇をはるかに超えていた。

繊細にきらめく和音らんらんと始まりのうた奏でゆくべし
水際の淡き発熱ひとすじの草をゆらして季節がうまれる

透きとおる葉脈のごと裸木が大湿原の真冬を告げる

花たちは浅き湖沼《バイーア》にまどろみぬ動物たちも旅ゆくひとも

赤土の遥かなる道バスが来る光の風に速度をよせて

湿原に水を降ろしてパラグアイ水系が生むシャラエースの海

## 民族史と文化様式から観たパンタネイロ

16世紀の初頭にパンタナルを訪ねた最初の白人たちは、そこで多くのインディオ部族に出会った。インディオの部族は各々、独自の文化的特色を持っていたが、共通して彼らのほとんどは、グワラニ言語集団に属していた。騎馬民族のグアイクルー族（guaicuru）は、ボドケーナ山地からポルト・ムルチーニョまでの、パンタナル南部の全域を支配下においていた。そして、近隣部族にとって恐れられる存在であった。他方、グアナー（guaná）族、グアシー（guachi）族ならびにカディヴエーウ（cadivéu）族は、グアイクルー族とも混交した。最後者のカディヴエーウ族は、パラグアイ戦争においてブラジル側に立って戦ったことで有名で、今日もなおボドケーナ山地の保留地に集住している。

パンタナルにおいて重要な他のインディオ部族は、パイアグアー族（paiaguá）である。カヌーの巧みな乗り手として知られる彼らは、グアイクルース山地からパラグアイ川を経て、ミランダ、ネグロおよびタクアリ川に達しながら、パンタナル全域に居住した。魚取りの名手で泳ぎにも長けていたパイアグアー族は、パンタナルの風水土と自然のサイクルにうまく適応した。その点、湿原の自然を理解し、治水の思想を持っていたという意味において、地域の典型的な部族と言えるかも知れない。

更に、シャネー族（xané）と伝説上のシャライエー族（xaraié）は、カヌー乗りの名手であったが、部族の数も少なくもともと平和的であったことから、パイアグアー族に支配されてしまう運命を辿る。唯一の遊牧民族であるグアトー族（guató）は、パラグアイ川右岸に拠点を構え、雨季の間高床式の小屋に住む以外は、パイアグアーのパンタナル一帯を放浪していたようである。見事な弓矢さばきによって狩人として名を馳せた民族であったが、少数ゆえにパイアグアー族およびグアイクルー族に支配され、両部族と混融した。ともあれ、器用な彼らが後世の子孫に伝えた、狩人としての役割は小さくないようである。

以上のインディオ部族集団の全てに通有の特色は、原始的な農業以外は、狩猟や漁撈《ぎょろう》に基づく経済を営んでいたことであろう。彼らにとっては、労働にしても労働から得られる恩恵（産物の収穫）の享受にしても、集団的なルールにおいてなされていたので、私有財産の考えは存在しなかった。とは言っても、各部族のテリトリーの境界が不明瞭であることに端を発する、部族間のいざこざや紛争がしばしば発生し、勝者の部族は敗者を支配したり奴隷化したりしていた。

16世紀にポルトガルとスペインとの間で結ばれたトルデシリャス条約のおり、新世界は二分され、パンタナルが位置する現在のブラジルの西域は、スペインに属していた。この点においては、スペイン人はこの地域の最初のヨーロッパ住民であった。歴史的にみても、1524年には、アレイショ・ガルシャ率いる最初のスペイン探検隊が、パラグアイ川と合流するミランダ川の河口に辿り着き、グアラニ民族集団が居住するこのパンタナル世界を発見している。以来スペイン人たちは、小規模ながらその地で植民化の事業に着手する。しかし、彼らの耳にメキシコおよびペルーにおける金、銀鉱山の発見の報が入ると、次第にパンタナル地域に対する関心はうすれ、1世紀にも及ばぬ彼らの占有の歴史から、同地域にスペインの痕跡をとどめることはなかった。

当初、もっとも容易なパンタナルへの進入路は、アルゼンチン、パラグアイ双方に通じたパラグアイ川であった。その通路はスペインの管理下におかれていたので、ブラジルの奥地探検隊は、チェテー川、パラナー川およびパラグアイ川の支流を利用しながら、そしてまた、より困難で労苦を強いられる台地や高原を横断してその地に達した。

16世紀の末期に及ぶと、バンデイランテスはインディオを奴隷化する一方、パンタナルの開拓を推し進め、スペイン人の植民地や集落を手当たり次第に破壊していった。サンパウロ出自のバンデイランテスたちが、1625年に収奪したサンチアゴ・デ・シエレスはその一例である。パンタナルに居を定めたバンデイランテスも、17世紀の初めにコシポー河岸に金が発見されると、ガリンペイロになり変わり今日のクイアバー方面に移り住み、結果としてパンタナルの人口は相対的に減少した。

17世紀から18世紀の第1半期までの、ポルトガル（ブラジル）によるパンタナル拡張策に対して好意的に見なかった土着住民たちは、スペイン人の支援を受けて度重なる攻撃をバンデイランテスに対して行った。バンデイランテスはこのため、事実上占領していたパンタナルから、一時的にせよ退却を余儀なくされた。が、これを契機にポルトガル王室は、パラグアイ川の沿岸に軍事施設を作ることを決意し、1775年にはコインブラ要塞がコルンバー近くにはじめて築造された。このことは結果として、インディオとスペイン人をパンタナルの地から一掃した。

コルンバー、ポコネー、カルセレス、ミランダといった中核拠点となる街が出現したのもこの頃で、パンタナルの大部分の地域はこうして、ポルトガル［王室］の領土として併合された。以後、同地域はポルトガル（ブラジル）の支配下で植民事業が企てられることになる。にもかかわらず、地域特有の問題等で、植民開拓は思うようには進捗せず困難をきわめた。例えば、高温多湿の熱帯気候に白人系植民者は順応できず、食料の腐敗は早い。大群となって襲う蚊などの害虫は、風土病、熱病、マラリアなどの病因となる。これと併行して、パンタナルの風水土や定期的に発生する出水などについての認識不足は、植民者にとっては開拓事業の障害となった。

18世紀末期からパラグアイ戦争勃発の期までは、クイアバーからボドケーナ山地の方向へとパンタナル湿原を南下するかたちで、セズマリアの創設を通して土地の占有はなされていった。この頃、数千ヘクタールにも及ぶ広大な土地では、原始的な牧畜が営まれていた。外来種の牛が飼われるようになったのもこの時代である。

パラグアイ戦争(1864~1870年)はパンタナルを、もっともすさまじい戦場と化した。戦争の当初、組織化されたパラグアイ軍は、パンタナルを荒廃させ、と同時に、土地の住民をクイアバーに追いやり、彼らが飼っていた家畜は放置されたまま野生化した。1870年のセーロ・コラーの闘いをもって戦争が終結する頃には、パンタナルの主要な街と農園は無残な光景に変容し、パンタナル一帯の新たな植民事業と経済(生活)の建て直しが急がれた。

戦後、クイアバーから元いた土地の住民が還ってくる頃には、外国、なかんずくアルゼンチンの資本が流入し、広大な農園は再分割され、パラグアイ川の船の航行も再開された。パラグアイが敗北したことにより、ブラジルはパンタナル地域の領土を拡大し、実にエスピリト・サント州の広さにも匹敵する、およそ4万7000㎢を獲得・併合した。

サンパウロ州のバウルーを起点とし、クイアバーまで計画されたブラジルのノロエステ（北西）鉄道は、地政学的な観点から、パンタナルにおける外国（アルゼンチン）資本の過大な流入を懸念するブラジル政府の推進で、１９１４年にはコルンバー近くのポルト・エスペランサまで開通した。この鉄道が敷設されると、かつてはクイアバーとパラグアイ川に隣接するラプラタ諸国と結びついていたパンタナルの経済の軸が、ブラジル経済の中心地であるサンパウロやリオへ重心を移した。かかる状況の変化の中で、パンタナルに住む農園主とその家族は、以前は質素な生活を強いられたが、鉄道の開通と第一次大戦の間の富の蓄積などによって農園生活は十分改善され、今やこの地は多くの農村貴族階級を生んでいる。こうした中で、農園主たちは新しい形態の牧畜を営みつつ、財産管理の本部を農村から、コルンバーのような都市へ移している。それが、サンパウロやリオであることも稀ではない。

概して、牧畜は多くの労働者を必要としないので、パンタナルの農村は人口過疎である。大土地所有者が中心をなす農業構造にあって、牧畜は通常、一人の管理人とおよそ10人の牧童が、５０００頭内外の牛を約1万５０００ヘクタールの農園の中で世話をすることによって営まれている。

上述のように、パンタナルの土地所有者の大半は上流階級に属し、彼らの家族は大都市に住む場合が一般的である。粗放農業の典型である牧畜には人手が要らないことと、農園主およびその家族が不在であることが、パンタナルの人口過疎を引き起こす要因となっているのは明らかである。が他方において、彼らが都市に住むことによって近代化の気風や、農事全般についての新しい知識、情報等を、パンタナルにもたらす役割を担っている。とは言え、全体としてみるかぎり、この地域の農村人口が少ないことに加えて、インフラの未整備、病院、学校、その他のサービス機関が皆無に近いのが、依然、経済社会発展の阻碍《そがい》要因になっているのも事実である。

本項の冒頭で触れたように、スペイン人が到来する以前のパンタナルには、勢力の均衡を保った種々のインディオ部族社会が存在していた。その地は一時的に到来したスペイン人に占有されるが、インディオ社会は彼らによってそれほど影響を受けることはなかった。しかし、奴隷化の目的でサンパウロからバンデイランテスが侵入すると、インディオ社会の均衡はくずれた。以後、わけてもパラグアイ戦争後、南米諸国（ボリビア、ウルグアイ、アルゼンチン、パラグアイ）からの移民が湿原地帯に流入し、彼らを通じて土着の住民たちは自らの文化や言語を豊かなものにした。とくにパラグアイ人の場合は、インディオとの混交の度合いも深く、習俗、言語、食習慣面で多大の影響を他方に与えた。

今日のパンタネイロと呼ばれるパンタナル住民の多くは、インディオ、スペイン系出自の人、ブラジル人（特に、サンパウロおよびミナス・ジェライス州出身者、そしてこの地に魅かれて到来したパラナー州とリオ・グランデ・ド・スール州出身者）の、人種的融合を通じて出来あがっている。従って、彼らは多様な文化を身につけており、大自然パンタナルとの直接的

牛の群れを移動させているボイアデイロ

な触れ合いの中で、独自の生活様式と思考様式（人生哲学）を持っている。これらは、単に経済活動（生活）のみならず、習俗、宗教、音楽、民間伝承等の中に色濃く反映されている。

先に述べた牧童《ペオン》（peão）は、パンタナルの人文景観の中で欠かすことのできない要素である。彼らはほとんど常に、衣食住の一切合切を提供してくれる農園主に直接依存して暮らしている。だから例えば、ペオンが病気になると主人《パトロン》（農園主）の手厚い看護を受け、急を要する時は、主人は病人を飛行機で町に治療にやる。このようにみる限り、農園とペオンはパンタナル社会では一体である。パンタナルには労働法なるものは実質的に存在せず、あるのはこの地のみの固有の慣習法なるものである。それゆえ、牛飼いのペオンやボイアデイロたちの大半は、労働証明証すらなく、休暇やボーナスなどは無いに等しい。それでも、最低賃金で１２００頭以上の牛を一人で管理することを任されている彼らは、あまり文句を言わない。そして、年の暮れに主人の商売がうまくいった場合に受けとる特別配当（牛）を楽しみにしている。この意味では、農園主と農業労働者の間には、信頼関係によって結ばれた一種の調和があるといえよう。

こうした点のみをみると、パンタナル農園社会の主人の恩情主義を感じとれるが、内実はそのようには思えない。つまりこの社会にも、アマゾン地方のゴム園やジュート栽培地でみられるようなアビヤード制度（前借り、仕込み）があって、農業労働者たちが現金を手にする頃には、前借りが労働賃金（給料）もしくは収穫を棒引きに、そして時には、彼らは主人である農園主から半ば永久的に借金を背負い苦しむ。それでもなおペオンやボイアデイロが、農園生活を良しとして住み続けるのには、他の地域に較べ食糧事情が相対的によくて飢えることがないこと、豊かな大自然の中で自由気ままに生きられることなどが考えられる。

牧畜活動に主として従事するヴァケイロ、すなわちペオンたちの出自はまちまちである。自分の土地を失った者から、白人とインディオ、とりわけパイアグアー族やテレーナ族の混血児まで幅広い。一般にペオンは独身で、農園内のカランダ（やしの葉）で葺いたパウ・ア・ピッケ（pau a pique）と呼ばれる粗末な小屋に住む。妻帯者の場合は、単身で住みながら家族をパンタナルの都市部に住まわせ、子弟には教育の機会を与える。

ペオンやボイアデイロの主食は、米、豆、マンディオカ、肉、魚である。豆、マンディオカなどは冠水しないところで、自家用に栽培している。狩猟や漁撈で得た野生生物、魚、さらには自然採集した果物なども食卓を飾る。彼らが日の出前に摂る食事はケブラ・トルト（quebra-torto）と言われ、それに活力源となるガラナーをおろして水にとかしたマテ茶テレレー（tererê）が添えられる。

パンタネイロたちが住む家の周囲には、種々の椰子の木と万能薬として知られているパラツード（paratudo）の木をよく見かける。辺地に住む彼らは薬にもことかくことがあるので、薬用となるそうした植物を植えている。植物に限らず、動物も薬用に大いに利用されている。例えば、乳香樹《アロエイラ》（aroeira）の煮汁は捻挫や骨折に、水蛇《スクリー》の脂肪は気管支炎に、またカピバラの油は傷口の癒着を早め、一方で血を清めるのに効能があるという。パラツードの樹皮は、全てを止める（parar tudo）という意味の名を冠している通りに、貧血、衰弱、腹痛等々の万病に効くことで知られ、土地の住民は愛飲、愛用している。

ボイアデイロの手が高らかに空《くう》を切り雨季の大地を渡る大群

持ち前の意味論よろしくパラツード　重宝される万能の木々

牧畜をファッション化する農園主《あるじ》かな思考豊かに土に商う

領域に自己哲学を培った大湿原のフロンティアたち
辺境のパンタネイロの知恵袋　動植物よりいただく秘薬
年の瀬の牛のご褒美　唯一のボーナスにも似てペオンの期待
ひとびとの粗放な牧畜・米作の続く限りを乞うバイオーム

中央高原に発現した計画的未来都市ブラジリア

ジュセリーノ・クビチェック大統領は、「50年の進歩を5年で」というスローガンを掲げて工業化を構想し、その象徴として新首都建設への野心を抱いた。そして彼には、ブラジリアが南東部、中西部のセラードおよび巨大なアマゾンとの間の懸け橋としての機能を有しながら、内陸部の産業発展に導く役割を果たすという確固たる信念があった。

こうした考えに疑問を呈する者も少なくなく、建設決定に至る前はむろん、建設後も首都の役割や費用対効果などを巡って国民を巻き込んだ白熱した議論が交わされ、ブラジル史に深く刻印される一大事件となった。

反対派の意見は概して、莫大な建設費用を注ぎ込むこと自体ゴミ箱に捨てるに等しいものであり、クビチェック大統領は新たなファラオになろうとしている、という類のものであった。わけてもリオのエリートたちは、遷都することによってこれまでの、政治権力を含めたリオの首都としての重要性を失うことへの強い懸念を表明していた。

しかしながら、大統領が政治生命を賭したブラジリア建設は現実のものとなる。地理的にほぼブラジルの心臓部に位置する中央高原の無人の空間に首都を置くことが、中西部の内陸部のみならず国家全体の発展の起爆剤となるとの立場からの決断だった。アメリカ合衆国の開拓史さながらに、遷都によって大統領の提案した「西への行進」（marcha rumo ao Oeste）は事実、国家を統合する意味でも未発展の中西部の開拓の意味でも功を奏したように思う。

ところで、首都建設という壮大なパイロット・プラン（plano- piloto）は、１９５６年9月30日、コンペで選ばれた都市計画家のルシオ・コスタと建築家のオスカー・ニーマイヤーの二人が担うことになった。そして二人は、未来に向けて飛び立つ国を表徴した、さながら飛行機を想起させるような新首都を造形した。公式には宗教的壮大さをイメージするかたちで作られたのではあるが、実際はパラシュート部隊が国の中央部に降下して開拓する、いわゆる未開の大地を開発する象徴的な事業となった。オスカー・ニーマイヤーは、新首都が機能性と美観を合わせ持つことに知恵を絞った。そして二人は、メインの建造物以外に、建築群とグリーンベルトとの間に、地平線を遮ることのないかたちで、堂々たる三権広場を建立した。

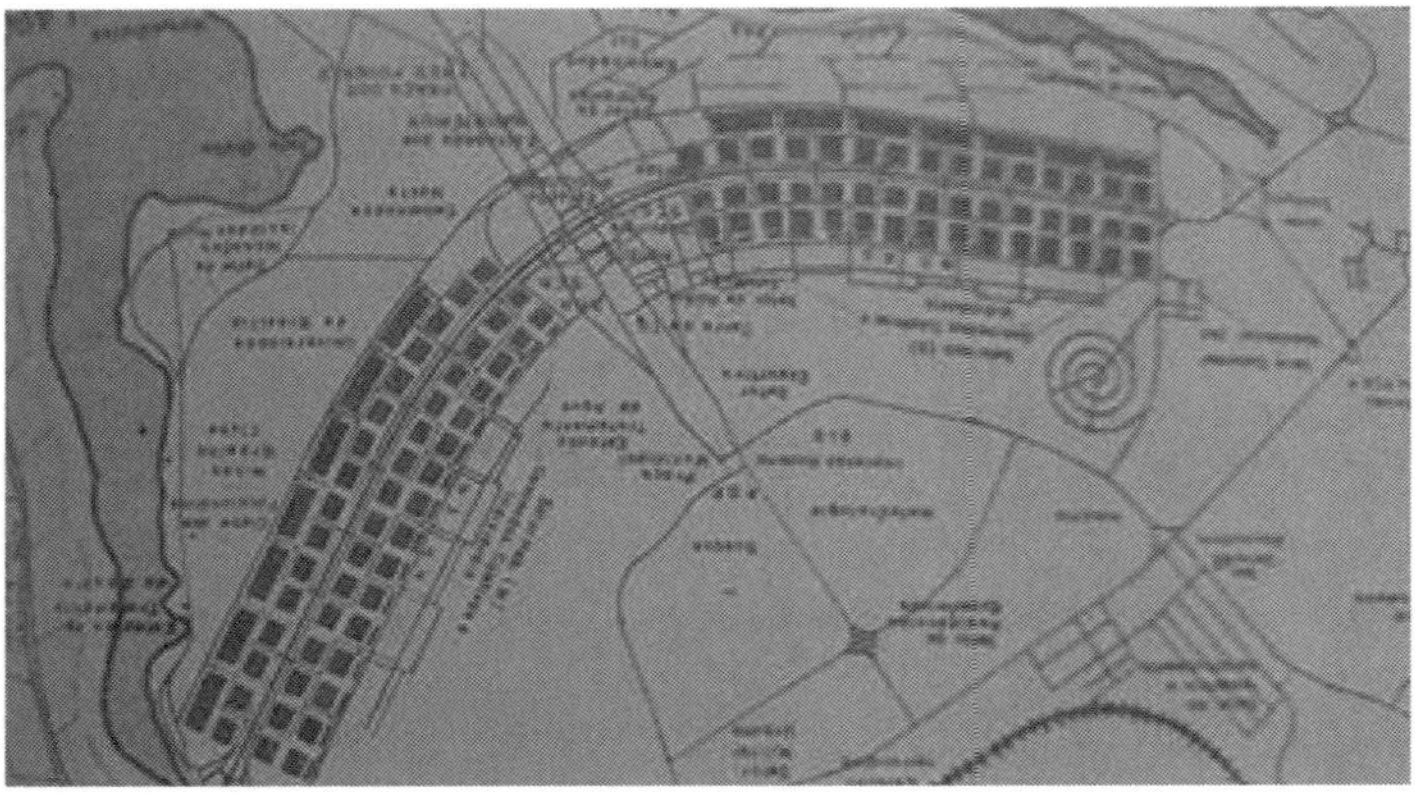

飛行機状の都市計画で出来上がったブラジリア

１９７０年代初頭までは、連邦機関の本部の一部や大使館の多くは依然としてリオにあり、首都機能の役割を担っていた。が、今ではブラジリアは少なくとも政治、行政の中心地としての存在感を内外に示している。

１９５０年代中葉に首都建設が始まると、多数の建設労働者や土地、雇用機会を求める人たちが南部および北東部から流入した。そして特筆すべきは、建設に従事したカンダンゴ（candango）と称される北東部出身の労働者の多くが、ブラジリア中心部や衛星都市の住民となったことだろう。

大気より機体を移し地上絵の世界遺産に降りる飛行機
一滴の真水《まみず》の如く落とされた母液に答える中央台地
雄渾の西への行進とうとつに無人世界に現れる都市
週末の時空がいっとき浮遊して新首都《しゅと》ブラジリアは寂しい洞《ほこら》
早朝のトランジットをさらに待つこの大陸の時計はゆるい

# Ⅱ部　ブラジル7つの魅惑、人を惹きつける磁力

# 第６章　ブラジルコーヒー

## 〝緑の金〟と呼ばれるコーヒー栽培地の大移動

歴史家によれば、コーヒーは西暦８７５年頃にはすでに、ペルシャ人の間で知られ流布していたようだ。アカネ科の植物であるコーヒーがカフェア・アラビカ（caffea arabika）と命名されたことによって、その起源を巡り数世紀に亘って論争の的となっていた。が、実際はエチオピアおよびアフリカの赤道林起源である。その種子がイスラム教徒によってアラビアに運ばれ、その地で気候順化したと言われている。

そもそもブラジルにおけるコーヒーの栽培は、フランス領ギアナとの領土交渉の使命を帯びていたパラー政庁付き伍長であったフランシスコ・デ・メーロ・パレッタが１７２７年、当時独占的に栽培されていた〝禁断の実〟をそのギアナから持ち帰り、ベレン郊外の自身の所有地に植えたことに始まる。５年後にはそのパラー州産のコーヒーがすでに、帆船サンタ・マリア号でポルトガル王室に送られもしている。

コーヒー移植栽培の歴史は、北部パラー州から南下しながらバイーア、エスピリト・サント州を経て、リオ・デ・ジャネイロおよびミナス・ジェライス州へ移る。そして、マンチケイラ山地から最終的には、リオに近いサンパウロ州のパライーバ平原（1766年）へ移植された。その後カンピーナス、パウリスタ方面に拡大し、現在では栽培の中心地となっているサンパウロ州とパラナー州以外では、中西部南部にまで及んでいる。ちなみに、リオには1760年、控訴院判事であったジョアン・アルベルト・カステーロ・ブランコによってもたらされた。ブランコは自分の菜園に植えたばかりでなく、残りの苗をフランシスコ派の神父たちにも分け与えた結果、彼らのコーヒー園はジャカレパグアー、カンポ・グランデ、サンタ・クルース、グアラチーバで急速に拡がった。そして19世紀には、コーヒーの都となるヴァッソーラ市まで展開する。

## 産業化への起爆剤になったコーヒーのたどった道

南東部が人口増大とともに前例のない経済的重要性を帯びるようになったのは、コーヒー栽培が始まった19世紀になってからである。まずその濫觴はパライーバ平原においてであったが、そこからエスピリト・サント州、ミナス・ジェライス州、そしてわけてもサンパウロ州に広まることになる。奴隷の労働力を酷使したモノカルチャーではあったが、コーヒーの輸出によって、港湾も含めてリオの街はすこぶる躍進した。

平坦な土地があまりなかったので、森林伐採後、海岸山地やマンチケイラ山地の斜面も栽培に利用された。しかしながら、森林破壊は土壌の浸食を引き起こし、そのために別の栽培地を探すことを余儀なくされた。かくして、パライーバ平原からとくにサンパウロ州内陸部の方向へと栽培地が移動した。正確には18世紀の末にはすでにコーヒーはサンパウロ州に導入されてはいたが、次世紀末の期に至ると土壌侵食に問題のないサンパウロ州の中心部のゆるやかな波状をなす地帯まで達し、半ば永続的な栽培地となる。

１８８８年に奴隷制度が廃棄されると奴隷に取って代わり、移民がミナス・ジェライス州や、とくに北東部から栽培地での仕事を求めて来住するようになる。外国移民、なかんずくイタリア移民が到来するのもまさしくこの時期である。この結果、サンパウロは飛躍的な発展をみた。

20世紀に至ると、コーヒー栽培地はサンパウロ州西部以外に、パラナー州北部とマット・グロッソ・ド・スール州東部まで及んだ。と言うのも、前者の地域はコーヒー栽培にとって好条件となる①テラ・ローシャという赤紫色の肥沃な土壌、②平坦な地形、③さほど暑くない気候、に恵まれていたことなどが背景にある。

コーヒー栽培地の拡大につれて、コーヒーを積出港であるサントスまで運ぶために多くの鉄道網が整備された。リベイラン・プレト、バウルー、バレットなどの都市はその鉄道敷設によって出現した都市である。その意味で鉄道は、サンパウロ州の開拓にとってきわめて重要な役割を果たした。であるから、それは〝コーヒーの鉄道〟として知られている。

20世紀も1920年代になると、サンパウロ州のほとんどの地域が開拓され、輸出に向けた大農園でコーヒーが生産された。が、1929年の世界恐慌が出来したことで、最大の消費国である米国にも輸出ができなくなり、コーヒー園主は最大の苦境に立たされることになる。結果として、園主の多くは耕作地を手放さねばならなかった。

しかしながら、広大な土地を買う人は少なく、彼らにとっての唯一の解決策は分割販売することであった。こうして多数の外国移民およびその末裔のコローノたちは土地を購入し、小中規模の所有者となった。土壌の肥沃なコーヒー農園は存続したが、新たな土地所有者たちは多くの場合、サトウキビ、綿花、落花生、パパイアなどを栽培してポリカルチャーを目指した。この点で、サンパウロ西部の景観は大きく変貌した。

こうした中にあって、コーヒー栽培地域はサンパウロ州西部と類似した気候と土壌を有するパラナー州北部に展開する。以来、サンパウロ州西部とパラナー州北部は、ブラジルの主要な農牧畜地帯の一つに生まれ変わる。産業が発現し発展するのには、資本、労働力、一次産品、エネルギー、運輸、消費市場などの条件が求められるが、南東部、わけてもサンパウロの工業化に向けて果たしたコーヒー産業の役割は大きい。

１９６０年代半ば、現在のビジネスの中心地であるパウリスタ大通りには、コーヒーで財を成した農村貴族たちの豪奢な邸宅が軒を連ねていた。今もその形跡を部分的ながら留めているところもある。

長年に亘ってコーヒーは国家経済の主要産品であり続け、１９５０年代にはブラジルの輸出品の75％を占めていたほどである。今日、ブラジル経済の主要な産品ではないが、ブラジルがコーヒーの最大の輸出国であることには変わりがない。現在の世界におけるブラジルコーヒーの割合は40％を超えている。

この後の本章は玉川が自ら体験した話を中心に記述する――。

昨今ではコーヒーに関する多くの書が上梓されあらゆる方向からコーヒーが語られるようになった。

したがって起源や伝播についても諸説あることを理解している。が、この章の初めでも田所が述べているように、エチオピア（旧称アビシニア）説・アラビア（現イエメン）説が最も有力視されている。

ブラジルでコーヒー栽培が始まったのは起源からすればずいぶん後のことだ。わたしがその歴史を知ったのはコーヒー商社で働き始めた頃で、当時、職場の研究室で雑務の傍らコーヒー大国ブラジルを夢のむこうに描いていた。

赤い実の夢

白い花を咲かせて赤い実をつけるコーヒーの木はアカネ科の常緑樹で赤道を中心に南緯25度・北緯25度のコーヒーベルト地帯で栽培される。成木まで4~5年といわれるコーヒー樹に咲く花の開花期間は短い。その清楚な花弁に結実を託し一途に咲く姿が愛しい。

白よりも真白き色のあることをひたすら示して咲くカフェの花

青い実の素描ひらけば一粒の赤い実の夢たち上がりたり

いつからだろうか、私はコーヒー豆の品質の格付をする現場を知りたいと思うようになった。生豆や焙煎豆をみつめながら、ロンドン相場やニューヨーク相場をながめながら一日の仕

コーヒーの花（開花期 10 月～ 12 月）

事が終わる単調な日常。

遠回りはしたけれど、周囲の人々からたくさんの力をもらって企業ルートにのらない個人参加の道が拓ける。長期休暇制度のない会社を辞めた翌年、わたしはブラジルに向かった。

オレンジ色の太陽が輝き始める夜明け、機上での心のノートは真っ白だった。高度を下げる着陸のアナウンスがあり一昼夜をかけた旅の空の終盤には広大な南米大陸が眼下にしっかりと見えた。

前のめりになるような気持ちで降り立ったグアルーリョス国際空港は特有のにおいがした。出入国ロビーを右往左往する大勢の人々。まさに大陸の匂い、活気にあふれている。

翌日、サンパウロから高速バスで約一時間半、コーヒーの積み出し港がある港町サントスに着いた。ひとりでこんなに遠くまで来てしまった。「ここが念願のサントス」と確認して深く息を吸う。

コーヒーの品質を格付けるコーヒー鑑定士の講習会は、サントス商工会議所で開講される。

七月の時差の間《あわい》に横たわる銀の波濤のドミノを渡る

霧雨の峠を下る高速バス《オニブス》はわれを運びて冬のサントス

受講生名簿にあればアルファベットYUKOの〝O〟は女性にあらず

## カフェの授業

コーヒー鑑定士の授業プログラムには講義と実習、工場見学などが組まれていた。

授業は講義からはじまり、続いて実習がある。生豆の種類や形状、選別、カップテストの方法などを先ず教わる。日を追って生産地や農園、生産過程やロースター、栽培、気候や土壌などについての講義があり、コーヒー用語などを覚えていく。

授業の後半にはテーブルを回転させながら行うカップテストという実習がある。

この項では主な実習の3つについて述べたいと思う。

### 実習1　サイズを調べる

コーヒー豆の形状はごく普通の形をした平豆とやや丸みをおびたブルボン種があり、実習では平豆を使う。あらかじめ用意された300グラム缶の中から100グラムの豆をとり出し、角形の篩《ふるい》を使ってサイズを分ける。篩を目の粗い順に上から重ね持って豆を篩うという古風な方法だ。

篩には19～13の数字表記があり、数字は豆のサイズを表すスクリーンというコーヒー用語で呼ばれる（ブラジルではペネイラとも言っている）。

100グラム中のサイズの分析によって、100袋中の豆のサイズの試算ができる。仮に、100グラム中にスクリーン18の豆が17％見つかれば、100袋からはスクリーン18の豆の袋が17袋できることがわかる。

実習2　タイプを決める

ハンドピッキングという作業があり、欠け豆、未熟豆、黒豆、発酵豆、虫食豆、外皮がついた豆、小石や木くずなどを手作業で取り除く。除かれた豆は欠点豆という。欠点には点数を示す一覧表があり、100グラム中の欠点豆の点数の合計で豆のタイプが決まる。

ハンドピッキングは人によって若干の差が生じることから、講義では穏やかなジョゼ・カルロス教授も生豆と向き合うと目に力が入る。

実習3　グレードをあてる

味の均等性とグレードを見極めるカップテストが、一日の授業の後半に行われる。抽出したコーヒーの数十個のカップが、ターンテーブルに放射状に並べられ、その上澄みをテスト用のスプーンで掬って含み、吐き捨て含み、を何度も繰り返す。刺激臭、カビ臭、薬品臭、発酵臭などの用語で表わす強弱度の評価があり、味覚が試される。円いテーブルが左右に行ったり来たり、また、くるくると回転するのでそれらの味覚を言い当てるのはなかなかだ。舌の先が麻痺する頃にその日の授業がおわる。グレードには日本語でいう特上・上質・並・やや劣る・劣るの5段階がある。

適度な酸味・コク・甘味があり、単品でも美味しいブラジル豆は他の銘柄との相性もよく、日本では3割ほどの比率でブレンドされることが多い。

篩われて選りすぐられて団栗の背比べのように競う豆たち

温厚なカルロス教授の一瞬の目力がはじく一粒の豆

上澄みを掬って含ませまた掬う　もう嫌《いや》というスプーンの先

殊更《ことさら》に他国の豆に馴染み良いサントス豆のブラジルらしさ

## ポルトガル語授業の補講にパウロとふ留学生と拾う放課後

### クラスメイトと行きつけの店

受講生のひとりにスザナという女性がいた。スペインのインスタントコーヒーの会社に勤務する彼女は、３週間の休暇を利用して参加していた。現場を知りたいというコーヒーへの思いを共有しながらスザナとはたちまち親しくなり夕食をともにする日が増えていく。

夕方６時、近くのバス停前にスザナが来ると、決まって行くのは量り売りのポル・キロのレストランだ。

ビッフェ形式の量り売りのポル・キロのレストランでは、トレーに好みの品を選んで量りにのせると店の人が計量して金額を教えてくれる。グラムあたりの価格が均一のこのような店が街中に何軒も

カップテスト

ハンドピッキング

あり、手ごろに夕食を済ませることができた。

二人でよくしゃべりよく笑ったけれど、３週間の休暇が終わるころ、講習会期の途中でスザナは帰国した。「いつか日本に行くわ」と言って。


日本の小説を問う青い目のスザナと語る華岡青洲

日本語とスペイン語のみ交錯しそれでも話題は膨らんでゆく

コーヒー工場見学

スザナが帰った翌週、コーヒー工場の見学授業があり、受講生は心なしかうきうきしていた。

工場内は麻袋（ダンガリー）が山積みされ、生豆の匂いと粉塵で空気が少し濁っていた。マスクをかけた少年が大人と一緒に働いている。健気な瞳で黙々と麻袋を持ちあげる両腕は若さで眩しい。

倉庫の隅のほうには麻袋が数袋ならんでいた。欠点豆が詰められているそれらの袋はまるで出番を待つように整列している。深く焙煎され、国内市場で安価で取引されるという欠点豆のプライドがたのもしい。
機械式スクリーンで篩われた生豆はサイズ別に詰められトラックで港に運ばれていく。一袋の重さは約60kgで、13%ほどの水分を含んでいるニュークロップには青臭い匂いがある。サントス港で荷積みされるブラジル豆は「サントス豆」とも呼ばれ、かつて日本の移民船笠戸丸が入港した同じ港から日本に向かって船出する。

麻袋つみかさねゆく少年の二本の腕が放つ輝き

悠々と倉庫の隅に居並んで国内市場に出てゆく豆たち

明けきらぬサントス港に船出待つニュークロップが青く匂えり

異次元のコーヒー農園

大農園ファゼンダはまさに異次元だ。視界の限り大地が延びる。自然はときとして、人間の心を思いのままに支配し永遠をちらつかせる。時間軸を「永遠」にスライドすれば、「今ここ」など、ほんの一瞬にすぎない。人間世界の不平等とか不正義、物質的裕福や価値、人々が

生豆選別をする豆の投入

懸命に纏《まと》おうとする大きな衣服、ペルソナたち。幸せの感じ方をあらためて学んでいた。

そこには、空と地と、どこまでも立ち並ぶコーヒーの木のほか何ひとつ見えない。

土に棲む微生物、ミミズなどを有効利用した土壌開発技術によって虫害を免れる有機農園試験場では、日本の茶畑を思わせる深緑色の低木が陰《かげ》りなく続いていた。

隣接して伸びほうだいの枯れ木や撓《たわ》んだ木が等間隔に何列もならんだ農園がある。そこは、苗付け間隔の研究中で土壌からの栄養が公平に届く範囲と日照のバランスを見極める試験場との説明を受けた。

種まきから成木、開花、成熟・収穫までの遠大な研究には驚くばかりだ。自然界での物質の動きを捉える有機化学の基本と同じように、大自然界でのコーヒー研究にも人知が尽くされている。

## 八月の試験場は閉ざされて枯れ高木が頭《こうべ》をたれる

霜害に人々が去る農園の無告の樹木も天にあかるむ

ちりちりと微生物らは土中《つちなか》にコーヒー果実の天敵を食む

一面を茶畑のような低木がひろがりゆきたり有機農園

生豆を煎る人らしいふと匂うコーヒーの香すれ違いざま

カップテストによる修了試験

授業の最終日、受講生はそれまでの理解度をカップテストによって試される。それが実習における修了試験で、このテストは合格できるまで何度も繰り返される。

講義では筆記試験に代わって、授業中に不意に問われる口頭質問と出席日数が評価の対象になる。緊張と拍手が受講生の数だけあり、終始なごやかな空気につつまれて授業の全日程が終了する。

翌日、授与式と簡単なパーティーがあった。

声高のカルロス教授の「ムゥイント・ボン」その一声《ひとこえ》のいと快し

カフェインの正体

コーヒーに含まれているカフェイン。覚醒作用でも知られているカフェインとは、さて何だろう。

その物質を捕《と》らえて構造決定しよう。コーヒーから実験的な手続き（溶媒抽出法）によりカフェインを単離する。

手順を経て、カフェインの溶けたジクロロメタン溶液ができた。ここから先、ジクロロメタンを大まかに溜去させる過程では、ロータリーエバポレーターが濃縮の働きをしてくれる。粗結晶ができるまでの作業を、この規則正しい優れものに預けながら物質世界を見つめていると精神世界が不意を衝く。どこかに呰が欲しいと思う数秒、心の負のような静寂と焦燥感があった。

理由は今もわからない。

カフェインは、ほのかに苦みを持つアルカロイドで、中枢神経系刺激剤でもあり医薬用としても使われている。疲労回復、強心、興奮、などコーヒーの効用といわれるカフェインの正体は、取り出してみると意外にもサラサラ無垢だ。無味無臭といわれる白い粉末は、クロマトグラフィーに素直に反応しながらも拘りのように甘い香りがした。

総化研実験棟の若きらに若い教授がレジュメを配る
フラスコの細い口より低速で蒸気を放つエバポレーター
液体はカフェの不思議を匂わせてジクロロメタンを気体にからめる
サラサラと散薬のようなカフェインが純白用紙にとりだされたり
試験紙に反応すればカフェインはもの言いたげな白い粉末
無味無臭なるべき粉末《こな》の理《ことわり》もわずかに甘く香るカフェイン
こまやかに泡立ち泡立ちふくらみて気泡閉じつつ液体は落つ

## コーヒーのバイブル

ここからは、文学としてコーヒーを表現した詩について触れてみたい。

コーヒーのバイブルともいわれる書『オール・アバウト・コーヒー――コーヒー文化の集大成』(1995年、ウィリアム・H・ユーカーズ著、UCC上島珈琲株式会社監訳、TBSブリタニカ)によると、西暦16世紀に在命した「アブダル・カディール」が、一五八七年コーヒーの起源についての最初の信頼できる説を著した」とある。コーヒーの飲用を称賛する有名なアラビア語の文献「アラブ四五九〇」という分類の下にパリ国立図書館に保管されており、アラビア語で記されている題名を訳すると「コーヒーの合法性に関する潔白」あるいは「コーヒーのまっとうなる使い方を擁護する論弁」となるそうだ。

アブダル・カディールの著書は「コーヒーに不滅の命を与えた」ことに言及し、コーヒーについての詳細が述べられている。そして、コーヒーに対する宗教界からの非難に反論し、結論としてアラビア人の詩を列挙している。

ここで、同時代のすぐれた詩人たちがメッカ騒動のさなかに詠んだ最も古い「コーヒー賛歌」の一例を引用する。

コーヒーを讃える（アラビア語からの翻訳）
ああ、コーヒー。愛されし香り高き飲み物、憂いを追い払う。
昼夜、勉学に励む者、それを望む。
人を慰め人に健やかさを与える。神より恩恵を与えられん、
休息を取らずして知恵を求めて歩む者は。
その豆、芳しきこと麝香《じゃこう》のごとくにて、黒きこと煤墨《すすずみ》のごとし。
芳香の液体を飲みたる者、それのみ真実を知る。
分別なき者、味わわずして、その飲用をそしる。
喉渇きて助けを求めたりとも、神は恵みを施さぬ。
ああ、コーヒーは我が宝。コーヒーの育ちたるところ、
そこに住みたる者は気高く、真の効能をあらわす。
「詩におけるコーヒー」728〜729頁

また、コーヒーの発見伝説についての叙述によれば、一般に広く知られているオマール伝説には2つの説がある。すなわちそれはシーク・オマールという男と、ハジ・オマールという托鉢修道僧の話である。ともにコーヒーのエキスを含んだ汁を飲み窮地を凌いだという似通った筋によるものだが、そもそも2つは別々のオリエント伝説であるということ自体が非常に興味

深い。

さらに、最も有名な伝説は、飲み物のコーヒーの発見について次のように伝えている（以下、原文のまま）。

エジプトの奥地、すなわちアビシニアに一人のアラビア人山羊飼いがいた。山羊飼いは近くの修道院を訪ね、院長に不思議な体験を伝えた。自分が世話をしている山羊が餌場近くに生えている灌木の実を食べたところ、しばらくすると、奇妙なことに陽気に跳ね回りだしたというのである。院長はそれを自分の目で確かめると、その豆の効能を自分で試す決心をした。そうすると、修道院長自身も元気が出てきたのである。このようなわけで、院長は豆を少々煮立て、その汁を修道僧たちに飲ませるよう命じた。それ以降は、修道僧たちは夜間の宗教儀式の際に居眠りをしないですむようになった。フランス人聖職者のマシューは自作の詩『コーヒーの歌』の中で、この出来事を次のように祝福している。

夜の帳《とばり》降りしころ僧たち回し飲み
大鍋の周りに車座にすわり元気旺盛
地上に顔出したる天道様仰天す
空《から》の寝床、誰ひとり驚かぬ

伝説によると、〝眠らずの修道院〟の話はまたたくまに広まり、間もなくして「魔法の木の実は王国全土で所望されるようになった。時の経過とともに、東洋の他の国々や地域でも飲むようになった」。(31頁より)

『オール・アバウト・コーヒー――コーヒー文化の集大成』は全926ページから成る大辞典で、原書初版(1922年)では資料の整理、分類に10年を要し、さらに執筆に4年が費やされ、翻訳の対象となったこの第二版のための改訂作業は18か月という期間を要したとまえがきにある。したがって訳者あとがきで「本書はコーヒーに関するあらゆる分野を網羅した空前絶後の書物であり、全世界でコーヒーに携わる者にとってはバイブル的存在です」と述べたうえで「時代の変遷と共に文献的価値はやや薄れているものの、全編を通じての膨大なコーヒー関連の記述は、関係者はもとよりコーヒー愛好家にとって興味津々たるものであり、貴重な資料であると確信しております」とも述べ、「現在は当時の世界事情、コーヒー事情から大きく変化している事象が多々あります」との一文を添えている。

また序文においても興味深い記述があるので、前後するが序文の一部を抜粋、引用する。

文明がその前進中に生み出した非アルコール飲料はわずか三種類にすぎない。茶の葉のエキス、ココア豆のエキス、そしてコーヒー豆のエキスである。

葉と豆。これが世界中で歓迎されている非アルコール飲料の植物原料である。二つのうち茶の葉が消費量全体では先頭を行き、コーヒー豆は二位であり、ココア豆は三位である。コーヒー豆はそれでも、世界の貿易のなかでは他のものに比べ断然重要な地位を占めている。（中略）

紅茶とコーヒーとココアは、心臓・神経系・腎臓にとって純粋な刺激剤である。脳にはコーヒーが刺激効果がより高く、腎臓にはココアである。（中略）

コーヒーの魅力は万国共通で、すべての国が敬意を払っている。人間にとって必需品だと認められており、贅沢飲料や趣味飲料ではない。（中略）人がコーヒーを好むのは二つの効果のせいである。心地よい気持ちの高まりを生み、人間の働きを向上させてくれることである。

地球上に住むあらゆる文明人の食生活の中で、コーヒーは重要な地位についている。コーヒーは民主的な飲み物なのである。社交界の飲み物にとどまらず、頭脳労働者、肉体労働者に関係なく、世の中を動かしている男女に好まれる飲み物でもある。これまでに与えられた讃辞には「人間という機械にとって最も嬉しい潤滑油」や「万物の中で最も喜ばしい味」などがある。（中略）

一九一九年という年は、コーヒーにとって有数の輝かしい年である。ある陸軍大将が次のように発言したからである。すなわちコーヒーにはパンやベーコンと同等の功績があり、この三つの基礎飲食料の援助により世界大戦は連合国側の勝利になった、と。（中略）

コーヒーという国民飲料を非難する人々にとっては気の毒なことだが、コーヒーの代わりになる口当たりのよいホット飲料は見つかっていない。理由は単純である。コーヒーに代わるものはあり得ないのである。故ハーベー・W・ワイリー博士はこの問題を賢明にもこうまとめている。「代替物は、元々の機能を十分に果たせなければならない」。

コーヒーについてのすべてを一般読者に伝えたいと筆者は考えてきた。しかも業界にとって価値ある技術上の正確さを伴ってである。本書は有用な参考書となることを意図したものであり、コーヒーの起源、栽培、抽出、変遷、世界貿易、ならびに食生活における位置などに関してあらゆる重要な事柄を網羅した。

おいしいコーヒー、すなわち丁寧に煎られ正しく抽出されてできたコーヒーは天然の飲料である。（中略）現実的にはコーヒーがなければ日々の生活は単調至極だろう。混じり気なし、安全で有益な刺激剤。自然界という研究室で調合された飲料。生きる喜びを与えてくれる糧、その主だったなかでも指折りのものである。（14～16頁より）

右のようにコーヒーをめぐっては、遥か時代を遡り現代社会に通底する意識や言及がなされている。そして、秘薬であったといわれる所以、当時のコーヒーの存在価値などが再認識できるだろう。

神聖なる飲み物としてああ、コーヒー、不滅の命を与えられし

◎参考文献
ウィリアム・H・ユーカーズ『オール・アバウト・コーヒー――コーヒー文化の集大成』
（UCC上島珈琲株式会社監訳、TBSブリタニカ）

# 第7章　ブラジル大衆音楽

## 国民性のエスプリ

大陸規模の拡がりを持つこの国の、津々浦々に醸成された民俗音楽（música folclórica）と、それとはいささか趣を異にする大衆音楽（música popular）についての言及は、ブラジルの文化を語るうえでは避けて通れない。前者がどちらかといえば地方的、農村的な環境のなかで生きる住民が、いわば口頭での伝承によって生み出されたものであるとするならば、後者は本質的に都会風の音楽と言えるだろう。しかもそれは、ラジオやテレビの媒体、レコードなどによって広められ、ローカルな枠を超えて農村部まで及んでいる。

ここで主として論じるブラジルの大衆音楽は、民俗音楽のエッセンスを汲み取り、クラシック音楽のみならず海外の音楽からの影響を受ける一方で、逆にそれらに影響を及ぼしもしている。ともあれ、この国の大衆音楽の全容とは言わないにしても、少なくともその一端を理解しようとなれば、ブラジル発見以降の五百余年に亘る歴史を振り返りながら、文化全体との連関において音楽を位置づけ、その変遷を時系列的に捉える必要があるだろう。

## 植民地化当初の民族交流とブラジル音楽

発見まもなくブラジルにやって来たイエズス会の神父たちは、新世界に住む先住民が原始的な打楽器や管楽器の伴奏に合わせて唄ったり踊ったりしている光景を目にしていた。彼らがトゥピー語で唄うそれは、イエズス会士の目にはさながらグレゴーリオ聖歌のごとく映ったようである。

そこでイエズス会神父たちは、先住民を自分たちの宗教に改宗させるべく、音楽を巧みに利用することになる。そのために弦楽器やフルート、クラヴィコード［ピアノの前身］の演奏と共に、グレゴーリオ聖歌を教えたりもした。そして、優れた歌い手でもあった先住民と共にイエズス会士たちは聖歌隊を編成しながらミサ曲も創り出し、教会広場や村の中心部で催される神聖な儀式などでは決まってそうした音楽が演奏されたらしい。

他方、アフリカ黒人奴隷の音楽とみなされるルンドゥ（lundu）の原形は、植民地化の初期の過程で持ち込まれ、イベリア音楽との接触・交流を通じてより豊かなものになった。今日のこの国の大衆音楽およびクラシック音楽にみられる特有のリズム感を考える時、アフリカ出自の黒人音楽の存在と影響を抜きにしては語れない。黒人奴隷が北東部に輸入され、砂糖産業が発展の兆しを見せていた16世紀後葉の頃、支配者側にあったポルトガル人は、イベリアからもたらされたセレナーデ（serenata）や民謡を心の拠り所にしたようだ。他方、禁じられていたこともあって普段はあまり交流のなかった黒人奴隷は別個に、母なる大陸アフリカの神霊教であるカンドンブレーや、輪舞に歌うバトゥキ（batuque）なるリズムを打楽器で叩いては郷愁に浸っていた。周知のごとく前者のセレナーデは、恋人や友人への想いを吐露して唄われるものであるが、通常、バイオリンとヴィオーラ（ブラジルギター）を携えたセレステイロによって演じられる。そのセレナーデが見かけられなくなって久しい。側聞したところによるとそれは、昨今では内陸部とミナス地方に限って見出せる代物のようだ。

どこまでも真昼の孤独　セントロの音楽バールに聴くセレナーデ

グレゴーリオ聖歌のごときトゥピー語の一言一句を拾ってみたし

## 大衆音楽の礎となったモディーニャとルンドゥ

17世紀のブラジルでは、リズム・パターンに拘泥しないスローテンポの、いわゆるカンソン（canção）と呼ばれるロマンティックな様相を帯びた甘美で感傷的な民衆の歌謡曲、すなわちモディーニャ（modinha）が生起する。民衆の琴線に触れる愛の歌謡であることから、またたく間に階層の垣根を越えて流布するようになる。のみならず、この歌謡曲は、18世紀の末に至ると植民地本国の首都のサロンに集う貴族たちまでも魅了し、一世を風靡した。ちなみに、このモディーニャがポルトガルの国民的歌謡であるファド（fado）に影響を与えた、と観る研究者もいる。

モディーニャが流行る一方で、輪舞のリズムに定評あるバトゥキが白人舞踊曲の影響を受けながら、ブラジル的な軽快な踊りと歌のルンドゥ（lundu）の誕生をみた。そもそもこのルンドゥはウンビガーダ（umbigada）［バントゥ系の黒人奴隷によってもたらされた輪踊りで、臍をくっつけあったり叩いたりする民俗舞踊の一種］をベースにした黒人の舞踊であった。猥雑な雰囲気を醸し出す踊りではあったが、ドミンゴス・カルダス・バルボーザの作曲を介して一躍注目されるようになり、ポルトガルの貴族たちの間でも愛好されるようになった。

バイオリンの伴奏で歌い踊られるルンドゥは後にポルカの影響を受け、その軽快で躍動的なリズムは音楽家たちの心をつかみ、前世紀の末にはあまたの歌い手を生み出すことになる。もっとも人口に膾炙しているルンドゥは、国歌の作者でもあるフランシスコ・マヌエル・ダ・シルヴァの手になる「ルンドウ・ダ・マレキーニャ」（Lundu da Marrequinha）である。以上に言及したモディーニャとルンドゥが、植民都市として発達していたリオとサルヴァドールの地において発現し、今日の大衆音楽の基礎になっていることはもっと注目してよいだろう。

最初のブラジル的と呼ぶにふさわしい音楽芸術は17世紀に芽生えた。といっても、それが多少なりともオーセンティックなものになるのには、金とダイヤモンドの発見による経済サイクルが北東部から南東部に移る18世紀になってからのことである。依然としてヨーロッパ音楽の影響を完全に払拭したものではなかったにせよ、「ブラジルのバロック音楽」が華開いたのは事実である。金がもたらした富によって音楽活動は都市部に限らず村落社会でも盛んになり、オーケストラや楽団、合唱団が創立された。歴史都市サン・ジョアン・デル・レイで１７７６年に創設され、現在も活動する「オーケストラ・リラ・サンジョアネンセ」、１７９０年に設立された「オーケストラ・リベイロ・バストス」はその好例である。

しかしながら当時、造形・彫刻家のアレイジャジーニョに匹敵するほどのアーティストは生まれなかった。この時期のバロック音楽の主要な作曲家を挙げるとすれば、フランシスコ・ゴーメス・ダ・ロシア、イグナーシオ・パレイラ・ネーヴェス、マルコス・コエーリョ・ネットたちであり、驚くべきは彼らのほとんどが混血であった。

一方で金・ダイヤモンド・サイクルの凋衰という経済状況でありながら、ポルトガル王室のブラジル移転に伴いリオは、芸術活動の中心地としての存在を一層強めた。そして、近代都市としての相貌を見せ始めつつ、中間層も次第に形成され始めるようになった。その後政治的独立が果たされたものの、しばらくはヨーロッパの文化的影響からは免れ得なかった。

この点、ブラジルの芸術が文学同様にナショナリズムを強く意識した、いわゆるブラジル性を表すようになるのには、1830年代以降まで時を要した。クラシック音楽に較べれば、大衆音楽は早い段階で国民的な特徴を帯びた。

その点、クラシック音楽が黒人の舞踊やバトゥキなどの大衆音楽のテーマを作品に採り入れ、ナショナル・アイデンティティーの模索に努めるようになったのは1850年代になってからのことである。ワルツの影響を受けたモディーニャは、クラシック音楽と見まがうほどになった。

こうした過程にあった音楽家には、ジョゼー・デ・アレンカールの代表作である『オ・グワラニー』を歌劇化した作を通じてミラノ座で大成功を収めたカルロス・ゴーメスを筆頭に、ブラージオ・イチベレー・ダ・クーニャ、アレクサンドレ・レヴィ、アルベルト・ネポムセーノ、エンリッケ・アルヴェス・デ・メスキッタなどがいる。クーニャの場合は、民俗音楽を採り入れて「セルタネージャ」をピアノ曲として書き下ろした、最初のクラシック音楽家と目されている。レヴィとネポムセーノはヨーロッパでの音楽教育を受けてはいるが、同様に民俗音楽を積極的に採り入れた点で耳目を引いている。

1840年代になって、ワルツ、マズルカ、カドリールなどのヨーロッパの社交界の音楽がリオに伝わり、すさまじい勢いで流布した。結果として、別の類の大衆舞踊の発現をみた。ピアニストと作曲家であるエルネスト・ナザレッチは、そのヨーロッパ出自の音楽をアフロ・アメリカ的な音楽と融合させた代表者であり、ブラジル音楽の最初の創造者の一人とみなしてもよいだろう。

## 独特の音楽形式であるマシーシェとショーロの誕生

19世紀に時代が転じると、都市部では18世紀以来民衆によってなされた音楽についての情報があふれ、異なる社会層の共生のなかで20世紀には、大衆文化とも結びつく都会風の大衆音楽が生じた。しかしながら、ブラジルでは依然、明らかにヨーロッパの影響を受けたと思われる音楽がパーティーや庶民の寄り合いでは演奏されていた。

そうした中にあって特筆すべきは、ラッパやドラムに合わせた行進曲のマルシャ（marcha）も演奏され始めたこと。そして黒人出自のルンドゥは、ヨーロッパのダンス曲である、ポルカ、タンゴ、ハバネラと融合してブラジル独特の音楽形式のマシーシェ（maxixe）を生んだことだろう。このマシーシェは、一見卑猥な一面もあることから敬遠される動きも一時あったが、20世紀になるとブラジルばかりかヨーロッパの社交界でも絶大なる人気を博するようになった。

さらに、19世紀も70年代になると、ショーロ（choro）の発現によって大衆音楽は全盛期を迎える。このダンス曲は、ペルナンブーコでは「フレーヴォ」（frevo）という名でカーニバル向けに演奏され始めた。それは文字通り〝沸騰する〟（ferver）とでも形容し得るほどの熱狂的なリズムと踊りに、雨傘を装ったファンタジーなどが加わり、サルヴァドールやリオのカーニバルとは一味違うものになっている。

概して、ギターやウクレレに似た四弦ギターのカヴァキーニョ、それにフルートという3つの楽器が基本編成となってワルツやマシーシェなどと演奏されるショーロ。ブラジル音楽の評論で名高い坂尾英矩氏によれば、ショーロの特徴は、ギターの低音が独特のパッシングを弾き、フルートがメロディーを自分のフィーリングで自由にくずし、カヴァキーニョがずらしたようなアクセントでリズムをきざむところにあるとのこと。このショーロとサンバこそが国民性のエスプリであることに異論を差し挟む人はいないだろう。この言葉の由来については諸説あるが、「(楽器が)泣く」(chorar)から来ているというのが通説のようだ。フルート奏者のジョアキン・カラードがこのジャンルの生みの親とみなされている。以後ショーロは「コンジュント・レジオナル」(conjunto regional)と呼ばれる、歌手以外にパーカッション、クラリネット、マンドリンなどの加わった編成のものも現れ、一段と多彩になった。

## 艶《つや》やかな音色かなしきショーロかな奏者は柔《やわ》く身体を捩じる

## ブラジルを表徴するサンバ

ブラジルの音楽といえば、多くの日本人はサンバを想起することであろう。それほどまでにもっともブラジル的な音楽ジャンルとみなされるそれは、19世紀末に発現する。奴隷制廃棄やカヌードス戦争等の諸要因によって、北東部からの住民がリオに流入し、丘陵や岡のそこかしこに自然発生集落の貧民街であるファヴェーラが形成されるようになる。

サンバの元となる「輪踊りのサンバ」(samba de roda) は、そうしたところに居を構えた、主として黒人たちがもたらした産物である。彼らは「パルチード・アルト」(partido alto) と称して、その独特なリズムで男がバトゥカーダを演奏し、女は踊っていたそうな。「パルチード・アルト」の意味については明らかではない。黒人たちの多くが小高い岡の上に住んでいたことから、〝高い所の一派〟と解する向きもある。いずれにせよ、サンバはそのバトゥカーダと、下街に住む主として白人によるショーロ系の楽器を伴った演奏スタイルとが合わさったものに他ならない。

サンバの語源をめぐっては諸説がある。バントゥ語で「臍」もしくは「心臓」を意味する「センバ」(semba) に由来するという説。また、同じバントゥ系の言語に属するキオコ語の「山羊のように遊ぶ」の意味から来ているという説もある。が、より有力な説は前者である。多産を祈願して結婚式で踊られる踊りでウンビガーダによって特徴づけられるものらしい。

ところで、アフリカ音楽の影響を強く受けた意味でカーニバルのために作曲された初めての曲となれば、1889年に発表されたシキーニャ・ゴンザーガの手による「アブレ・アラス」だろう。加えて、シンプルな歌詞と自由なリズムで誰もが唄え、いかにもブラジル的なビートの、エルネスト・ドス・サントス・ドンガが1916年に発表した「電話にて」等で、真のサンバに対する人気は急速に高まった。かくして街の居酒屋などでは、カシャサ（cachaça）を口にした民衆がサンバを唄い踊るのが日常の光景となった。

初夏を行くサンバチームの派手やかなる行進の輪にわれも紛れて

## 「近代芸術週間」を契機に色濃くなるブラジル性

ブラジルの大衆音楽は、クラシック音楽と同時併行的に進化しつつ、双方がともに影響し合った。ヨーロッパ音楽から受け継いだギターやピアノ、フルートという伝統的な楽器に、フライパンやクイカ、タンバリンが奏でるリズムを掛け合わせることで、大衆音楽は実に豊かなものになった。その意味で、1922年にサンパウロ市立劇場で開催された野獣派主導による「近代芸術週間」（Semana de Arte Moderna）は黙過しえない。

ブラジルの文化大革命ともいえるその「近代芸術週間」では、ロマン主義時代以上にブラジル性が希求された。その有効な手段の一つとして、芸術を通じてこの国を「再発見」することが求められたのである。言い換えればそれは、旧来のような外国文化の模倣一点張りではなく、独自のオーセンティックなものの模索によるナショナル・アイデンティティーの確立にあった。そのために「近代芸術週間」に参画した主として野獣派や近代主義者たちは、オズワルド・デ・アンドゥラーデが提唱する「人喰い宣言」（Manifesto Antropofágico）に呼応して、外来移入の文化をいったん飲み込み咀嚼する過程を通じて、独自のブラジル性のある文化の創生に心血を注いだ。

小説『マクナイーマ』（松籟社）の著者であるマリオ・デ・アンドゥラーデは、ブラジル音楽の方向性を探るまさしくこの時期に、『ブラジル音楽についての試論』（*Ensaio sobre a Música Brasileira*）を上木して一躍注目された。何故なら、ナショナリスティックな音楽にするべく同書を通じて彼は、ブラジルの作曲家は旋法（モダリズモ）、リズムの構造のみならず、民俗楽器などをより積極的に活用しながら民俗音楽に着目することを力説したからである。

アンドゥラーデとは解釈をめぐっての立場は微妙に異なっていたが、ブラジルのクラシック音楽界の巨匠であるエイトール・ヴィラ＝ロボスがさまざまな地域の民衆文化を題材として自らの作品の中に採り入れたことは、大書特筆すべきかもしれない。そのためにロボスは、度重なる国内の津々浦々への旅を通じて、民衆的な音楽の題材を蒐集したことは良く知られていることである。その「ブラジル風バッハ」（Bachianas Brasileiras）の作曲家である彼の作品は、一方で新古典主義的な傾向を帯びながら、１９４０～50年代においてはナショナリズムが強まる。

１９３０年代になると、大衆音楽は〝黄金の時代〟を迎えることになる。ラジオも有力な媒体となっていたので、これに大きく寄与することになった。アルフレド・ヴィアーナ・フィーリョ、通称ピシンギーニャはこの時代に活躍した音楽家で、ブラジル大衆音楽の最大の作曲家の一人である。そして、ショーロが確たる音楽形式のものになるうえで直接的な役割を演じた。彼はまず小さなオーケストラのメンバーから始め、その後「エイト・バトンズ」を結成し、リオの映画館の待合室で演奏した。才能あふれたフルート奏者であり、技術も確かなものがあったピシンギーニャは、初めてオーケストラのためにショーロを演奏した人物となった。当時のオーケストラのスタイルを彼独自の技法に当てはめた。そして、フルートの独奏者として芸術の域にまで高めたと評論家に評されるほどの調べを数多く奏でた。ショーロ、マシーシエ、サンバ、ワルツなどジャンルを超えて、作曲はあまたに及ぶ。その代表作は「カリニョーゾ」「黒人のサンバ」「バイーアのムラタ」「あなたの髪は否定しない」「美しいブルネット」など。ヴィニシウス・デ・モラエスとの協働の作品もいくつかある。

ノエル・ローザは、通称〝イザベル村の作曲家〟と呼ばれ、ピシンギーニャと同時代の人物である。情緒的なテーマの「最後の願い」、社会情勢に目を向けた「露は落ちている」、一般向けの「酒場のおしゃべり」などの曲で大衆音楽の裾野を広げた。シコ・ブアルキ・ヂ・オランダやマリア・ベターニア、マルティーニョ・ダ・ヴィーラが今日でもその影響を受けている。ブラジルでもっとも有名な作曲家の一人アリ・バローゾはこの黄金時代に生きた人物で、同じく重要な作曲家であったノエル・ローザやピシンギーニャ、イズマエル・シルヴァ、ラマルティーヌ・バボなどとも同世代である。アリ・バローゾの構成は、リズムとブラジルの国土の高揚が強調された、そのメロディーの緻密さによって特徴付けられる。ブラジルの第二の国歌とも呼ばれるほどの、略称「ブラジル」で知られるサンバの「ブラジルの水彩画」(Aquarela do Brasil) や「バイーア女のトレーの中に」(No tabuleiro da Baiana) などにそれが明らかである。

　彼の作品は海外でも広く受け入れられている。これによってナショナリストのグループから批判を受けることもあった。確かにアリ・バローゾは、傲慢さを曲の中で見せることは若干あったが、しかしブラジル音楽を海外で宣伝するために彼が残した功績を否定する者はいないであろう。この海外での宣伝はバローゾにとっての第一歌手、カルメン・ミランダに負うところが多い。ミランダはハリウッド映画にも出演し、国際的に名を馳せた。

## ブラジル音楽を革新したボサ・ノヴァ

1950年代、ビーバップ(be-bop)やクール・ジャズ(cool jazz)といった、モダンジャズの異なった流れがブラジルの大衆音楽に持ち込まれた。解釈の新たなスタイルとジャズの即興性で、その主な支持者ディック・ファルネイやレニー・アンドゥラーデ、ルーシオ・アルヴェスたちはブラジル大衆音楽の技術的な面での可能性を広げた。ナショナリストには痛烈に批判されたとはいえ、これらの歌手の努力はボサ・ノヴァの基礎を築くこととなった。

「新しい傾向」という謂いのボサ・ノヴァ(Bossa Nova)は、リオ・デ・ジャネイロの個人のアパートで生まれ、古いサンバとは形式やテーマの変化もあってか国民に受け入れられた。その運動の中心は、ブラジル音楽の再評価を試みるアントニオ・カルロス・ジョビン、ジョアン・ジルベルト、ナラ・レオン、ヴィニシウス・デ・モラエス、カルロス・リラ、ロベルト・メネスカル、ジョニー・アルフなどの若い歌手や詩人たちで、1958年に始まった。当時の大衆音楽に劇的な変化をもたらしたわけではないが、ボサ・ノヴァの特徴とも言える、ブラジル的なリズム、より精巧なメロディー、伝統に拘泥しないハーモニーなどの面で刷新をもたらし、古いサンバに飽き足らない聴衆を魅了した。

クラシック音楽やジャズの要素を内に蔵している一方で、ボサ・ノヴァはノエル・ローザやピシンギーニャ、アリ・バローゾなどの大衆音楽の作曲家たちの影響を受けることになる。そうした状況のなかでボサ・ノヴァは、大衆音楽とクラシック音楽の間の境をなくすことに腐心しながら、ブラジル音楽の魅力を海外に発信する意味で大いに寄与した。

新しい感覚のボサ・ノヴァの発現とともに、大衆音楽は創造の時代へと移り、あまたの才能ある作曲家や歌手を輩出した。シコ・ブアルキ・ヂ・オランダやエドゥ・ロボ、ジェラルド・ヴァンドレーやカエターノ・ヴェローゾ、ジルベルト・ジル、ガル・コスタなどがそうである。

ジェラルド・ヴァンドレーは北東部ブラジルをメインテーマとし、この地方の特色であるモード・ハーモニーを民俗音楽の研究の拠り所として曲を製作している。セルジオ・リカルドも民俗音楽に取り組む一人で、ブラジルの社会問題に高い関心を示した曲を作っている。グラウベル・ローシャの映画「太陽の地の神と悪魔」のサウンドトラックはセルジオ・リカルドの代表作で、また「スケアクロウの夜」や「悲恋のジュリアーナ」は彼自身がプロデュース、監督した作品である。

## パウリスタ大通り沿いにボサ・ノヴァのＣＤを売る店をさがして

## 新たな潮流を画したトロピカーリア

1965年以降、テレビ局の推進でブラジルポップの祭典が行われ始めると、カエターノ・ヴェローゾ、ジルベルト・ジルと同じく、シコ・ブアルキ・ヂ・オランダのごとき才能ある音楽家が登場する。シンプルでありながら抒情的で詩的感興を起こさせる曲を作ったシコはやはり、ブラジルを代表する偉大な作曲家と言えるだろう。後に彼は、社会問題に焦点を当てた作品作りに傾倒しているが、だからと言って、初期の曲想の特色が失われているわけではない。

1965年には歌手にして作曲家のロベルト・カルロスの主導のもと、若い世代の動きが活発になったが、これは国際的な「ヤァヤァヤァ」の影響を受けている。音楽のリズムの質と主要な演奏者のカリスマ性、新たなスタイルを紹介するテレビ番組の登場、そしてロベルト・カルロスの国民的名声がこの運動が広く受け入れられていたことを示しているものだ。ブラジル・フォークの作曲家からは激しく非難されたが、若い世代は「ヤァヤァヤァ」を模倣するだけにとどまらなかった。彼らはとりわけその解釈においてブラジル的要素を取り入れており、これはくだけた自然なスタイルのボサ・ノヴァの偉人ジョアン・ジルベルトを彷彿とさせるものがある。「ヤァヤァヤァ」歌手としてのレッテルをはられることから逃れたロベルト・カルロスは、より幅広い大衆から受け入れられるようになった。

その一方で、バイーア出身のカエターノ・ヴェローゾによる「ジョイ・ジョイ」とジルベルト・ジルの手になる「日曜日の公園で」は、ブラジル音楽の新たな潮流を画するもので、ボサ・ノヴァ同様にすこぶる革新的な音楽形式を生み出した。トロピカーリア（Tropicália）［もしくはトロピカリズモ（Tropicalismo）とも。新植民地主義（ジルベルト・フレイレの言説に依拠したポルトガルの植民地支配）を想起させることから、カエターノ・ヴェローゾはその語の使用を好んでいなかったようだ］と呼ばれるものがそうである。１９６０年代後半に生起した音楽を中心とする芸術運動で、当時の軍政下にあって、席巻していたナショナリズムの傾向の強い音楽へのアンチテーゼとして発現し、前衛や国内のポップおよび外国の影響の下に、文化面で多くの刷新をもたらした。

その点で、国民文化の伝統的な相を美学的に刷新した功績は少なくない。音楽的に言ってトロピカーリアは、サイケデリックなロック、ボサ・ノヴァ、バイアン、サンバ、クラシック音楽などがシンクレティズムしたものとも言える。そして、エレキギターとバイオリン、ベリンバウ、クイカなどの奏でる音が融合さえしている。このことはある意味で、オズワルド・デ・アンドゥラーデが唱えた「人喰い宣言」の運動と、国の伝統的な根源に回帰しようとする動きとが結びついたものであった。その一方で、言葉遊びに例をとるように、詩のジャンルにおける具象主義（Concretismo）を受けていることは忘れてならないだろう。事実トロピカーリアは、１９５０年代を中心とする具象主義を展開するものとして表明された。

ともあれ、多面体の構造を持つこの国のかたちの現実を直視し、相反する要素を並置もしくは融合させることによって国を再発見、表現しようとするトロピカーリアの思想的試みは、他のジャンルの芸術家に計り知れない影響を与えた。大衆音楽、わけてもそれに共鳴した上述の二人の音楽家は言うまでもない。トロピカリスタとなった彼らはかくして、ブラジル的なイメージの音楽表現や抽象的な作詩法で注目を浴びる存在となった。私たちは、トロピカーリアを主導したカエターノ・ヴェローゾの、文字通り同名の曲「トロピカーリア」や「アレグリーア、アレグリーア」、ジルベルト・ジルの「日曜日の公園で」、さらにはナラ・レオン、ガル・コスタ、トルクアット・ネットなどの曲や歌を通じて、トロピカーリアの思想的な真髄を理解できるような気がする。

トロピカーリアは大衆音楽とジョーヴェン・グアルダ、そして大衆音楽と前衛的なクラシック音楽との垣根を取り払い、すべて価値ある美学的なものを積極的に受け入れていこうという問題提起でもあったように思う。従ってトロピカーリアは、伝統と前衛、ポップとフォルクローレ、大衆文化と高尚な文化などの間に存在する壁を壊しながら、融合を試みた。世界の若者の文化に共鳴し、運動の主導者たちが、ロックをボサ・ノヴァやサンバ、ボレロ、バイアン「北東部の民衆的な舞踊と音楽のジャンルで、「バイアーノ」と称されるルンドウのタイプから派生したもの」などとの接近を図ったのも、それ故だったからだろう。

カエターノ・ヴェローゾを聴く夕べなり色めく川に番《つが》う水鳥

## 昨今の大衆音楽の諸相

ブラジルの大衆音楽にとって、1967年は画期的な年となった。最初に成功を収めたのは「マルシャ・ランチョ」［ダンス音楽のリズム］であろう。ゼー・ケティとペレイラ・マトスはそのジャンルのカーニバル曲「黒いマスク」で名を馳せている。グーテンベルグ・グアラビラとミルトン・ナシメントの存在も無視できない。双方ともにいまや、ブラジル音楽界を牽引する立場にある。豊かな曲想の持ち主である前者の、高い音域の歌声からは表現力と合わせて歌唱力が感じられる。

北東部に端を発する音楽は、物干しに吊るした安価な〝コルデル文学〟に基づいており、今日ではキンテート・ヴィオラードやバンダ・デ・パウ・イ・コルダらが、伝統的な北東部の楽器を用いて現代風にアレンジ、と同時にハーモニーの技巧を駆使した音楽を創造している。

その一方で、伝統的なサンバの領域ではエルトン・メデイロス、マルティーニョ・ダ・ヴィーラ、パウリーニョ・ダ・ヴィオーラといった作曲家が名を連ね、高い評価を得ている。例えば、パウリーニョ・ダ・ヴィオーラは作曲の才能に合わせて、構成と技巧面で卓越した能力を発揮し、ミュージカル「黄金のバラ」と「ローダ・デ・サンバ」で知られることになった。最近では、ファグネール、ベルシオール、ドミンギーニョス、パウロ・セーザル・ピニェイロなどの作曲家が、新しいスタイルの音楽に挑み、その持つ価値と重要性から存在感を増している。

## ブラジルの顔とも言える大衆音楽

概して、現代ブラジル音楽はナショナリズムと前衛の反発を乗り越えたといえる。新世代のブラジル人作曲家による作品は、海外でも頻繁に演奏されている。現在、とみに音楽活動が活発になっている背景には、ブラジル現代音楽協会が1974年に復活し、さらに翌年には「第1回全国作曲家大会」が開催されたことが大いに関係している。

ブラジル音楽、なかでもサンバ、ショーロ、ボサ・ノヴァを中心とする大衆音楽は世界を席捲し、多くの人を魅了している。したがって、ブラジルといえばこれらの音楽を想起するほどにいわばこの国の表徴的存在となっている。

言葉を換えればこのことは、ブラジル人の精神構造に深く根ざしたものであり、国民性のエスプリそのもののような気がする。

## アルバムの一曲一曲まどろみゆけば琹のような魚になるまで

◎主な参考・引用文献

坂尾英矩「『サンバ』な国ブラジル」、ニッケイ新聞２０００年5月13日

Ministério das Relações Exteriores do Brasil. *Brazilian Art.* São Paulo, Abril, 1976.

Silva, Dilma de Melo（org）. *Sua gente e sua cultura.* São Paulo, Terceira Margem, 2007.

Tinhorão, José Ramos. *História Social da Música Popular Brasileira.* São Paulo, Editora 34, 1998.

# 第8章　民衆の祭典

## 冬の風物詩「六月祭」

民衆の祭典は国を問わず、概して宗教や労働に結びついたものが多い。ほぼ1カ月間にわたって催される、サント・アントーニオ（6月13日）、サン・ジョアン（6月24日）ならびにサン・ペドロ（6月29日）の三聖人を祝うブラジルのフェスタ・ジュニーナ（Festa Junina 以下「六月祭」とする）も然り。

聖人サント・アントーニオは、日本ではさしずめ出雲の神様に当たり、結婚を司る。その一方で、紛失物を見つけ出すために願をかけるための聖人でもある。サン・ペドロは天戸の鍵を握っているとされており、雨の聖人であることから雨乞いの対象であるが、どういうわけか、夫を亡くした妻や漁師によっても崇められる。そして、六月祭の中心を成し、このエッセイでも主として扱うサン・ジョアン［聖ヨハネ］は、イエス・キリストに洗礼を施した火の聖人であるジョアン・バチスタを指す。この聖人は、キリストの母である聖母マリアの従妹イザベルの息子として知られている。

ブラジルの民衆の祭りで、カーニバルが夏の風物詩であるとすれば、冬の風物詩に当たるのはおそらく六月祭だろう。日本ではカーニバルと較べれば認知度はかなり低いが、規模や地域的拡がり、開催期間の長さの観点からみれば、後者は、北東部のように場所によっては、カーニバルをはるかに凌ぎ、住民にとっては切っても切れないところもある。六月祭と称されるのも、「ジュニーナ」(junina) という形容詞が示すように、文字通り、６月に催されることによる。しかしながら、この一連の祭りが７月に及ぶこともあることから、「フェスタ・ジュリーナ＝七月祭」と呼ばれたりもする。

ところで、今ではこの国の典型的な民衆の祭典の一つとなった六月祭も、起源を探ればそれは古い時代のヨーロッパに求められる。かつて異教徒のケルト族などの間では、夏至になると豊饒な大地と豊作を祈念し祝うお祭りがあった。この祭りも６月の名前の由来ともなるユーノー神が祀られたことで、「ジュノニアス祭」と呼ばれていた。カトリック教徒は異教徒のその風習に抗えないほどに感化され、結局のところジュノニアス祭をキリスト教化した。すなわち、同化の過程で彼らは、異教徒の祭りそのものを換骨奪胎しながらカトリック教の聖人の祭りに仕立て上げることによって、ユーノー神の祭りそのものを払拭したのである。

旧世界のキリスト教を信仰する人々によって祝われたその祭りは、開拓者であるポルトガル人や教理目的で渡来したイエズス会士たちの手でブラジルにももたらされた。しかし、このヨーロッパ出自のプロトタイプ的な六月祭もブラジルでは、時の流れと共に他の民族文化とも習合し、合わせて、地域的な特徴を帯びながら、ブラジル独特の田舎風の様相を強めた祭典へと変容してゆく。

ポルトガルから伝播したその植民地期当初の原型を成す六月祭が、他の民族文化と習合なり同化する過程を経て、キリスト教世界の国々とは特徴を異にする今日のブラジル的な祝祭になったのは言を俟たない。そうした異文化的要素との習合の事例を見てみたい。フェルナン・カルディンが著した『ブラジルの住民と土地についての概説』は、居合わせたインディオたちが六月祭の焚き火と花火を見て瞠目、感動している点に触れている。と同時に、インディオの間でも豊穣を祝う祭りに類似したものが6月にあったことから、彼らのこの祭りに対する関心の高さにも言及している。

ここで刮目すべきは、六月祭がインディオとの接触・交流を通じて彼らの祭祀とも習合した点だろう。同様に、黒人奴隷が崇拝する密教の、火と結びつくシャンゴー［主として北東部でみられるアフリカ伝来の呪術的な信仰神オリシャー（orixá）の一つ］や、テレイロ［祈禱所］に観るバイーアのカンドンブレー［主としてバイーアで信仰されるバントゥ系のアフロ・ブラジル宗教］とも習合していることは耳目を引く。が、習合ないしは影響の面から観るとそれは、インディオ要素やアフリカ要素に限ったことではない。ことほど左様に、今日ではきわめてブラジル的とみなされるサン・ジョアン祭も、その成立過程では次項でも述べるが、さまざまな民族文化の受容と習合の産物であることが理解できる。

## 六月祭の中で最も重視されるのがサン・ジョアン祭

さて、六月祭についての記述ともなると、論ずべき内容が多岐に亘り、到底一口では言い表せないため、六月祭の中でも最も重視されるサン・ジョアン祭に絞って以下に記したい。

前述の通り、そもそもサン・ジョアン祭にしても、グレゴリウス以前に発現した、豊作と肥沃な大地を念じて祝われた異教徒の祭りであった。それが時を経て、キリスト教化して摂取・同化されるかたちでキリスト教世界に広まったものである。国や地域によって多少変容したケースもみられるが、重要な宗教行事の一環として執り行われている点では変わりがない。しかも、国や地域の違いはあるにしても、祝祭の中身についてはは大した懸隔はない。

例えばポーランドでは、自然の豊饒を祝って、太陽と夏の暑熱を象徴する焚き火が行われ、住民は湖に潜る習慣がある。スイスの内陸部では、山ほどのフルーツが供せられ、一本のマストの周りを踊るのが特徴らしい。他方フランスのそれは、焚き火を囲んでワインとチーズを口にしながら祝われるのが常套のようだ。してみると、聖人を祝う有り様はどの国のものであれ本質的には通底するものがあり、しかも、祭りを介して住民同士の親交を図ろうとする意味でも共通している。

ポルトガルから伝来・継承されたサン・ジョアン祭が最初に根づいたのは、歴史的にも古い北東部の地であった。ゆえに、この地域、わけてもペルナンブーコ州のカルアルー、パライーバ州のカンピーナ・グランデのサン・ジョアン祭は、他のどの地域よりも知られており、民衆の生活に深く溶け込んだものになっている。そのサン・ジョアン祭が今では、津々浦々で催され、国民にとって欠かせない年中行事になっているのは事実である。カーニバルに次いで、この国の大きな祭典とみなされる所以だ。

そのサン・ジョアン祭は、地域によって多少の違いはあるものの、余興を含めて概して、①焚き火、②お祭り会場（＝アライアー）に張り巡らされた色とりどりの小旗や提灯、③花火や爆竹、④スクェアダンスの一種であるクアドリーリャ、⑤田舎風の結婚式、⑥てっぺんに牛脂（pau de sebo）もしくはグリスを塗ったマスト登り、⑦喜劇化した演出の恋文郵便（correio elegante）、⑧儀式的な様相を呈する恋や死などの占い（simpatia）、⑨大小の気球を天空に放つこと、⑩ケンタン（quentão）と呼ばれるカシャサ（ラム酒）に砂糖を加え、生姜やシナモンで味付けして燗にしたものや、トウモロコシを主体にした材料の盛り沢山の食べ物が供されること、などから成っている。他にも祭りを構成する要素はいくつか挙げられるが、祭りが盛り上がるためには上述の要素はまず欠かせない。これらの個々の構成要素や余興については後ほど触れることにする。

サン・ジョアン祭が田舎風の様相を帯びているところに特徴があるので、祭り自体もとことんそれに拘っている。児童文学の大家として知られるモンテイロ・ロバトに『ジェカ・タトゥー』（*Jeca Tatu*）なる作品がある。麦わら帽を被り、まさしく田吾作そのものの作品に観る主人公さながらに、祭りでは男女ともに田舎風の装いをする。男性は通常、格子縞のシャツに、つぎはぎだらけのズボンをはき、麦わら帽子の出で立ちで、黒く塗って口髭に見立てる。そして、首には派手な色のスカーフを巻く。対して女性は、たっぷり髪をとった明るいプリント模様の木綿生地を着用。田舎娘（カイピーラ）であるべく頬には赤く斑点を塗り、髪は三つ編みにする。そして、男性同様に麦わら帽子、それもリボンで飾ったものを被るのが習わしとなっている。

ここで紹介する民謡が人口に膾炙しているほどに、サン・ジョアン祭はブラジル文化を表徴するものだ。この国の文化に心酔する私は６月になるときまって、留学時にニテロイ近郊のサン・ゴンサーロで催されたサン・ジョアン祭での、異国趣味あふれる光景、中でもふわりふわりと夜空に舞い上がる気球を眺めては、えも言われぬその幽玄な幻想の世界に浸った自分があったのを想い出す。

**O Balão**
O balão vai subindo
Vem caindo a garoa

**気球**
気球がどんどん上ってゆく
霧雨が降って来ている

O céu é tão lindo
A noite é tão boa
São João
São João
Acende a fogueira
No meu coração.
Cai cai balão
Cai cai balão
Na minha mão
Cai cai balão
Ai! Dentro do meu São João.

こんなにもきれいな空
こんなにも素敵な夜
サン・ジョアンの祭り
サン・ジョアンの祭り
あたしの心の中にある
焚き火に火をつけてくださいよ。
落ちるよ 落ちる　気球が
落ちるよ 落ちる　気球が
落ちるよ 落ちる　気球が
あたしの手の中に
あっ！ あたしのサン・ジョアン祭りの中に。

異文化の縁《えにし》のようにインディオを瞠目させた六月の火《ほむら》

雨乞いと実りを願うブラジルの六月祭にも異教徒の微旨

豊穣を土に託してサン・ジョアン祭　焚火の精が縁《えにし》を結ぶ

## 北東部では身近な居住空間も祭りの舞台に

聖体祭（Corpus Christi）と並んで、冬の祭典の風物詩であるフェスタ・ジュニーナの中核的存在のサン・ジョアン祭。村落社会の様相を強く醸し出すものでありながらこの祭りが、大都市を含めた全国津々浦々で催される国民的祭典であることには変わりはない。従って、祭りの形態や趣向、内容の点で、場所を問わず本質的には大差がない。が、余興を含めた祭りの構成要素や有り様は、大陸的な拡がりを持つ国土であるために当然ながら、地域的な違いなり特徴がみられるのも事実である。祭り自体が各々の地域の文化的風土や料理（法）、音楽等とも結びついているのはその好例だろう。

ポルトガルからブラジルに伝来したサン・ジョアン祭が、当初根づいたのは北東部の地であった。そして、いつしかこの祭りは地域の伝統となり、住民の生活にも直結したものとなる。祭りで用いる装飾品や供される食べ物などには、ヨーロッパ（イベリア）のみならず、アフリカおよびインディオ文化が色濃く反映されている。しかも、土地柄もあってか、祭りにはアコーディオンが主役を果たす、地元の代表的なフォホー［(forró）＝テンポの速い音楽とダンス］が彩りを添えている。カンピーナ・グランデやカルアルーで催されるものが、とりわけ他の地域のサン・ジョアン祭と較べてみて独自性があるのもそうした事由によるものだろう。

ともあれ、サン・ジョアン祭は北東部の人たちにとって欠くべからざる一大年中行事であり、盛大に執り行われるだけに観光の目玉になっており、祭りの期間は内外から多くの観光客が押し寄せる。ちなみに、カルアルーのそれは、野外で行われる地域の祭典としては世界最大で、ギネスブックにも登録されている。

深刻な貧困や旱魃の問題を抱える内陸部の住民にとっては特に、自らを慰め、喜びを見出すのみならず、雨や火、結婚の守護神に感謝する意味で、サン・ジョアン祭をメインとするフェスタ・ジュニーナの持つ意味は決して小さくはない。サン・ジョアン祭では彼らは麦わら帽子に野良着をまとい、収穫したトウモロコシをベースにした食べ物や飲み物を口にする。そして夜の扉が下りると、焚き火の周りでのクアドリーリャはいっそう白熱を帯び、老若男女を問わず踊り狂うのである。

祭りの舞台となるのは、広大な野外空間のアライアル（arraial）に限ったことではない。つまり、身近な居住空間も劇場と化す。祭りを主催する一団は唄を歌いながら通りを練り歩き、家を一軒一軒訪ね、対する訪問を受ける側の住民はこれに応えて、彼らに供するための盛り沢山の食べ物や飲み物を玄関や窓辺に具える。こうした習わしなり催しなどはまさしく、他の地域ではみられない一例かもしれない。

むろん、サン・ジョアン祭はブラジル全土で繰り広げられる。が、北東部以外ではフェスタス・カイピーラス（田舎祭り）の様相を呈するサンパウロ内陸部の、ケルメッセの伝統を墨守したものがつとに知られている。ちなみに、ケルメッセ（quermesse）とは本来、オランダ語のベルギー方言であるフラマン語で「バザーを伴う慈善のフェスタ」を意味する。そのフェスタは元来、カトリック教会が主催する慈善事業の一環で、提供品などをセリにかけるのが一般的であったようだ。しかし今日では、このケルメッセなる言葉は、「祭りの市」といった謂いで使われるようになり、住民の遊興の場となっている。会場となる野外にはさまざまな露店が立ち並び、それは日本の村祭りを想起させるものがある。サンパウロのケルメッセの場合も、カトリック教会が主体的に活動し、学校、企業などが後押しするかたちだ。

中西部、わけてもマット・グロッソ・ド・スール州のパンタナルのサン・ジョアン祭は、その位置する地理的状況や文化風土もあって、特異かつ趣を異にしたものになっている。そこが大沼沢の水の世界であり、時期的にも雨季であることから、サン・ジョアン祭では焚き火が水に取って代わられる。つまり、身を切るような寒さの中で、サン・ジョアン像が河岸の船着き場まで行列をなして運ばれ、そして、その像は洗い清められるのである。加えて、ここでの踊りの中心はクアドリーリャでもなければフォホーでもない。踊られるのはクルルー［＝出自等については諸説があるが、中西部の典型的な民俗舞踊で、通常、男のみによって踊られる（cururu）］という名のダンスだ。

どの地域のサン・ジョアン祭であれ、概して祭りの舞台となるのはアライアルで、それは囲いがされている場合とされていない場合とがある。そして、そこには通常、満艦飾さながらに色とりどりの紙製の小旗や気球などが飾られる。サン・ジョアン祭の場景を特色づける主要なアイテムである花火、焚き火、気球、クアドリーリャ、フォホー、喜劇化した演出の恋文郵便や田舎風の結婚式、迷信に基づく恋や幸福などを占うシンパチーアス等が、他の余興と合わせてなされるのはまさしくこのアライアルである。

## 祭りを特色づける焚き火

なかでもサン・ジョアン祭に欠かせない余興を含めた構成要素の代表例である焚き火(fogueira)は、祭りを特色づける最たるものの一つだ。それは、サンタ・イザベルが、山上で火を焚いて自分の子供であるサン・ジョアン・バチスタの誕生をキリストの聖母マリアに告げた合図、に由来すると考えられている。が、もっとも祭りと火を巡る起源は異教徒にあるようだ。ともあれ、23日の夜に焚き木に点火されると、祭りは最高潮に達する。余談ながら、焚き火の後の灰は肥沃の源となる。従って、北東部の農民は豊作を願って、翌年に植え付けるトウモロコシの種を灰と混ぜて保存するらしい。

祭りの火蓋を切るのは、実質的な祭りの始まりを告げる気球である。通常、灯された5個から7個が天空に放たれ、その気球には願い事などを綴った短冊が結び付けられる。こうした習わしは今日では、火災の原因になるために法律で禁じられている。にもかかわらず、気球が夜空を舞っている光景を目にすることは少なくない。

サン・ジョアン祭に人々を惹きつける魅力と言えばやはり、中世に英国で生まれ、18世紀から19世紀の間に、フランス王宮の高貴な踊りとしてもてはやされた、「４人ペア」を意味するクアドリーリャだろう。ブラジルにはポルトガル王室の移転（１８０８年）に伴い、他の多くの祭りの習慣と共に伝わった。特筆すべきは、この踊りは単にフェスタ・ジュニーナに限ったものではなく、カーニバルなどの他の祭典でも社交界を中心に踊られた点だ。共和制時代になると、都市部でのクアドリーリャは廃れ、あまり見かけられなくなる。ところが、工業化と農村部からの大量の国内移住が始まる１９５０年代になると、再びよみがえることになる。といっても、ダンスの主役は以前の貴族ではなく農村部の住民に取って代わられるのである。サン・ジョアン祭が田舎祭りの典型とみなされる意味で、この事象は黙過しえないことだろう。

祭りを盛り上げる余興はあまたあるが、マストのてっぺんに牛脂もしくはグリスを塗った一種の木登りであるパウ・デ・セーボ（pau de sebo）も一興だ。これはポルトガル起源で、北東部では伝統的なものになっている。滑り落ちやすいマストを度重なる挑戦で頂まで登り詰めた者は、そこに具えられている賞品を獲得できる。ちなみに、マストは6月の三聖人に敬意を表して建てられ、肥沃を象徴するものでもある。地域によってはそのマストは、歌とダンスを伴いながら建立され、花や果実で飾られたりもする。

迷信や占いに基づく、一種の祈願でもあるシンパチーアスのなかでは、結婚や恋占いに関するものが主流を占める。例えば、両手に新品のナイフを手にして焚き火の熾《おき》の上を素足で歩く。その後、そのナイフはバナナの木の茎に差し込まれる。翌日、抜き取ったナイフの茎に浮かび出た染みのイニシャルが結婚する相手となる、という類の占いなどは、人口に膾炙した典型的なものだろう。

他方、新郎新婦と神父に仮装した田舎風の結婚の儀式（casamento na roça）も祭りには必須のエレメントである。かつて内陸部の村落社会では、神父の不在のために結婚の儀を執り行うのも一苦労だったらしい。そのために実際、神父抜きで住民が焚き火の周りに集って式を挙行することが少なくなかったようだ。祭りでの田舎の結婚式は艶笑小噺的な寸劇で、プロットはお決まりのパターンとなり、男が娘を連れて駆け落ちし、激怒した娘の父親は警察を介して連れ戻すがすでに身ごもっており、神父を呼んで式を挙げる、といった塩梅。ブラジル研究者として名高いフランス人のロジェ・バスチードは、祭祀のなかではサン・ジョアン祭がもっともブラジル的であると述べている。

最後に、まさしくそうしたブラジル的な、一種の遊戯詩である恋文郵便［郵便配達人の役割を果たす人を介して恋心を抱く人に宛てた恋文］の事例を紹介する。

Se jogares fora esta carta, me amas　　もし君がこの手紙を捨てれば、君はおれを愛し
ているっていうこと。

Se rasgares, me adoras
Se guardares, por mim choras
Se queimares, queres casar comigo

もし君が破れば、おれが大好きだってこと。
もし君が大事にしまっていれば、おれのために
泣いているっていうこと。
もし君が燃やせば、おれと結婚したがっている
っていうこと。

火と雨と縁《えにし》にまつわる三聖人いなか祭りに繰り出されたり
まっさらのナイフの裡に秘められて聖なる燠をわたるイニシャル
ジョアン像　水の世界に清められ焚火を終《しま》った水辺のオマージュ

# 第9章　国民食フェイジョアーダ

## 地域を越えて愛される3つの料理

特定の国や地域の文化を理解するうえで、手っ取り早く、しかも有効な手段の一つは、料理法を含めた食文化や食習慣を知ることではないか、という確固たる持論が私にはある。したがって事実、ブラジル学を推し進める過程のなかでも、そうした考えの下に、この国の飲酒文化や食文化についてフィールド調査を実施しながら研究を行った。

一例を挙げれば、双方とも自身の専門領域（民族地理学）の視座からのものではあるものの、飲酒文化に関しては国立民族学博物館との共同研究のかたちで、他方、個人研究レベルではあるが、食文化と地域性に関連した事象に取り組んだ過去がある。いずれもブラジルを対象に据えたもので、その成果の一端はすでに、米山俊直・吉田集而・TaKaRa酒生活文化研究所著『アベセデス・マトリクス——酒の未来図』（世界文化社）や、味の素食の文化センター発行の食文化誌「vesta」に公になっている。

もしブラジルの典型的な料理が何かと問われれば、おそらく、シュラスコ、フェイジョアーダ（feijoada）、それにアホイス・コン・フェイジョン［＝フェイジョン・コン・アホイス］（arroz com feijão ou feijão com arroz）となるだろう。

何故なら、大陸規模の国柄のブラジルは風土《フウド》や民族的要素などによって地域性を帯びて食べ物《フード》自体も様相を異にしているにもかかわらず、ことこの3つの料理に関してはそうした地域性を超えてブラジル全土に通有の存在であるからだ。

言わずもがな、シュラスコはブラジル風のバーベキュー料理に他ならないが、その典型となれば、広大な草原パンパスの拡がる最南部のリオ・グランデ・ド・スール州の、伝統的な牧畜と深く係わりのあるガウーショ（牧童）たちの手になるものだろう。

続くフェイジョアーダについては、その出自を巡って諸説があることですこぶる関心を抱いた私は、一時期、表層的ながら研究テーマにして取り組んだことがある。国民食であることに寸毫の疑いもないので、知り得た点のいくつかを紹介していきたい。

## 美しい毛並みの馬がわたりゆく湖沼の先のシュラスコの宿

ブラジルの国民食「フェイジョアーダ」(写真右)

## 〝ごった煮〟フェイジョアーダ

フェイジョアーダという語には「混乱」という意味があるように、この料理はいわゆる〝ごった煮〟である。フェイジョンというインゲンマメに似た豆を3時間ほどとろ火でことこと煮詰め、これに豚肉の腸詰め、塩づけの牛、豚肉、干し肉、豚のあぶら肉、さらにイモなどを加え、土鍋でぐつぐつ煮込む。加えて胡椒やレモン汁をかけ、サトウキビを原料とする強烈な火酒(カシャサ)とオレンジを添え、食膳に供する。料理の材料も方法も各地各様であるが、時間と手間がかかる代物である。前述の内容物のほかに、豚のくちびる、毛のついたままの足、耳、尻尾、どうかすると鼻面が入っていることもある。

研究家によれば、フェイジョアーダがレストランに登場するのは1920年代になってからのようだ。この起源に関しては従来、黒人奴隷に端を発するものとみなされていたが、今ではその説は否定され、地中海世界もしくは南欧に出自を求めるのが有力だ。ブラジル国民にとっては欠くべからざるものの一つであり、週に一度は「フェイジョアーダの日」が設けられているが、カロリーが高く胃にもたれるヘビーな食べ物なので、美味しいからといって毎回口にするのは禁物かもしれない。この料理は、日本でも最近見かけるブラジル料理店であればメニューの一角を飾っているので、すでに口にされた向きもあろうかと思う。

ぐつぐつとフェイジョアーダのごった煮におでんの夢が立ちあがりたり

## 豆とライスのフェイジョン・コン・アホイス

フェイジョアーダと並んで、ブラジル人には欠かせない日常食がある。それはアホイス・コン・フェイジョンもしくはフェイジョン・コン・アホイスといわれるものだ。字義の通り、アホイス（ライス）に、煮たフェイジョンを混ぜ合わせたもので、上記のどちらかの名で呼ばれる。

だが、厳密に言うと双方の呼称には違いがあり、それはライスとフェイジョン双方の量の多寡で決まるそうだ。つまり、豆の量がライスよりも多ければ、フェイジョン・コン・アホイスとなる。他方、双方のうち、先に皿に盛りつけられるものの名で呼ばれるという解釈もある。いずれにせよ、その呼称は量如何によって決まるが、以下はフェイジョン・コン・アホイスと統一して記すことにする。

ブラジルはフェイジョンの主要な生産国であると同時に、主要な消費国でもある。約40種類のフェイジョンがブラジルにはあり、料理に使われるフェイジョンは豆栽培地域の21%を占める。生産される量以上のおよそ30万トンが年間に消費されるので、今では、アルゼンチン、メキシコおよび中国から輸入されているそうだ。階層や地域の違いを超えた日常食であることから、レストランで食される料理の中で最も多く消費されるのはこのフェイジョン・コン・アホイスらしい。そして通常、他の料理と合わせて食べられる。

その意味で、この料理はブラジル人にとっての食の中心を成しているような印象を受けるが、不思議なことに、彼らの昼食および夕食の主食とは決してみなされていない。フェイジョン・コン・アホイスなしには昼食および夕食は成立し得ないにもかかわらず、その点では彼らにとって主食はあくまで肉が中心なのである。

とはいえ、植民地時代から今日に至るまで、フェイジョンは重要な食料としてブラジル人の胃袋の足しとなり、エネルギー源となってきた。そのフェイジョンの起源を巡ってはいくつかの説が存在する。が、ブラジル発見時にヨーロッパに存在していたものも含めて、中南米および南米説が主流である。中には、『食べ物と社会：食物史における社会的意味』を著したエンリケ・S・カルネイロの如き歴史家のように、ブラジル人が食してきたものがアメリカ大陸起源であることを認めつつも、他方において、地中海や中東にファーヴァ（fava）と称されるソラマメの類のものが存在していたことを指摘する者もいる。ちなみに、豆の種類は無数あるといわれるが、食用に適するのはそう多くないようだ。文献によると、ポルトガル人が到来した折のブラジル沿岸部では、何種類かの豆の存在がインディオの間には知られていたらしい。が、当のインディオはそれを食料として利用することはなかったようだ。

フェイジョンが食料としての重要性を帯びたのは、ポルトガル人の到来と新種のフェイジョンが導入されてからのことである。主として河川を介して奥地を踏査した植民地時代初期のエントラーダおよびバンデイランテ〔主にインディオ狩りや金・ダイヤモンド発掘のために、サンパウロから西部奥地に放射線状に侵入した探検隊〕の奥地への進入の結果、領土拡大が進行する一方で、彼らの中には現地に留まりトウモロコシと並んでフェイジョンを栽培する者もいた。そしてこれらの農産物は、基本食料として少量の塩を加えて食されるようになる。ブラジルの民俗学者カーマラ・カスクードによれば、フェイジョンとトウモロコシは17世紀第一半期以降、ブラジルの食卓の中心を成していたとのこと。同様に、19世紀帝政時代までにブラジルを訪ねた年代記者や旅行家たちの手になる年代記等も、肉、ヤシの実と合わせて、通常、塩とマンディオカ粉を加えただけのフェイジョン料理が日常食であったことを指摘している。

ブラジルの心しみじみ食むようにフェイジョン・コン・アホイス極まりぬ

## 輸入に頼る時代になっても、食卓に欠かせない国民食

地域的多様性に富んだブラジルだけに、そうした日常食も地域の特性に応じて食材に変化がみられるようになる。例えば北東部の干し肉が食材の一部になる等はその一例だろう。が、あくまで食卓の中心は、マンディオカを加えたフェイジョンを煮たものであり、フェイジョン・コン・アホイスではなかった。そして当時は、富める者も貧しき者もファリーニャ（farinha）［マンディオカの粉］を加えたフェイジョンの料理が日々の食事であった。このことは、19世紀の旅行家サンチレール、バートンなどの文献からも読み取れる。カスクードが、マンディオカ粉と共にフェイジョンが昔のブラジルの献立のメインであった、という指摘に通有の見方であろう。

ちなみに同じ料理でありながら、富裕層と社会的に底辺に位置する人たちとの間の違いは何だったのだろうか。一言で言えば、それはフェイジョンの質と量にあったようだ。富める者にとっての料理は上質のフェイジョン、それも量が多いことから濃密であったのに対して、貧しい者のそれは低質のものが使われ、量的にも少なかったようだ。そのフェイジョン・コン・アホイスの食材であるフェイジョン豆は先述の通り、米国に次ぐ生産国でありながらブラジルは輸入に頼っている。多国籍の企業がこの分野に参入しているが、ブラジル市場を支配している状況にはない。しかも、生産量の40％が家内農業を含めた小中規模の生産者によって生産され

ているのは耳目を引く。

ともあれ、食のグローバル化が進むブラジルであっても、フェイジョン・コン・アホイスが大多数の国民にとって今もなお日常食であることに変わりはない。しかも、主食とはみなされないながらも、階層や地域を超えて全国のどこであっても食卓には欠かせないものであることからすれば、ブラジル料理を表徴する最たるものであるのは推して知るべしであろう。それかあらぬか、フェイジョアーダ、シュラスコと並んでブラジル料理の三位一体をなすフェイジョン・コン・アホイスに対して、異国の地にあり望郷の思いに駆られるブラジル人が、強い憧憬とサウダーデ（saudade ＝郷愁）の念を抱くのもおのずと頷けるものがある。

異郷にて胸に響けりサウダーデ　オブリガードを温めながら

# 第10章　国民酒カシャサ

## ブラジル性を表徴するカシャサ

ブラジルを訪れた左党の方であれば、サトウキビを原料とした単式蒸留で造ったこのラム酒をお飲みになったことだろう。酒精含有量が高いこともあって文字通り、鬼をもひさぐ鬼殺しの、と同時に鬼好みの酒は、ブラジル国民にとっては欠かせない代物である。

20年前に私は、国立民族学博物館企画の「世界の酒」研究プロジェクト参加への要請を受けた。日常、焼酎をよく嗜む熊本の風土に育ち、ブラジルのカシャサをこよなく愛する者としてはむろん、プロジェクトには諸手を挙げて参画した次第。ちなみに、この共同研究の成果はすでに一冊の本となっている。

私が担当したのはブラジルの酒についての研究テーマであったので、ここでは対象をカシャサのみに絞りながら、研究から得られた知見の一端をご披露したい。

マデイラ島から植民初期に導入されたサトウキビの栽培は、アフリカからの大量の黒人奴隷

店頭に並ぶ各地方産のカシャサ

を労働力として用い、他方で製糖技術を有するユダヤ人の入植も手伝って、17世紀になるとサルヴァドールおよびレシーフェを中心に製糖産業は絶頂期を迎え、〝砂糖文明〟が生起した。むろんこれには、サトウキビ栽培に適した黒い粘土質の肥沃な土壌なるマサペー（massapê）が北東部に存在している点も忘れてはならない。

ブラジルが「発見」される前のヨーロッパではすでに蒸留技術が開発され、バガセイラ（bagaceira）のごときブドウの皮の絞りかすから造ったアルコール飲料が製造されていた。カシャサは、そうした低質の飲料を称するスペイン語のcachazaから来ているというのが有力だ。ともあれ、植民地期当初、蒸留せずに発酵したままの、つまりガラッパ・アセーダの状態で飲まれていたようだ。ところが、発酵蒸留飲料の造り方が普及し始めると、それまで植民地支配者の間で飲まれていた、ポルトガル製のアルコール飲料であるバガセイラは、サトウキビを原料とする発酵蒸留飲料に取って代わられるようになる。この安価に製造できる飲み物こそカシャサに他ならない。

カシャサはブラジル通有の名称であるが、このラム酒のポルトガル語の正式名称はアグアルデンテ・デ・カーナ・デ・アスーカル（aguardente de cana de açúcar）。ピンガ、カニーニャ、ブランキーニャも、カシャサと同じ意味で国民の間では良く知られている。その他、ブラジル全土には200以上の名称がある。その中には、ウリーナ・デ・サント（「聖者の小便」の謂い）のごとき、せっかくの味もまずくなるものもある。

## 上質さは熟成次第

学名はサッカルン・オフィシナルン（Saccharum officinarum）で、イネ科の植物であるサトウキビ。ブラジルの歴史を通じて主要な農産物であり続けたこのサトウキビからは、加工することによって砂糖以外にもさまざまな副産物が取れる。今や国の伝統的な蒸留酒となっているカシャサもその一つである。

サトウキビが刈り取られてカシャサになるまでにはおおむね6つの工程を経る。まずはサトウキビの収穫。これはいつも朝方になされる。糖度を高める以外に、刈り取りそのものが重労働のために枝葉が焼き払われることもあるが、灰などの不純物を避けるために通常はなされない。刈り取ったものは工場の脇にある貯水池で洗浄され、一日から一日半以内に圧搾される。搾り取られた上澄みの汁は濾過された後、醸造桶に移され、発酵菌を加えて発酵のプロセスを経る。発酵した段階ではアルコール度数が低いので、銅製のランビキの中で沸騰させる。そのうちの心臓部と呼ばれる80%がカシャサに利用され、熟成される。まろやかで芳醇なカシャサが生まれるかどうかは、この熟成次第である。

こうして出来上がったカシャサの良し悪しは、目で確かめられる。上質であることの条件は、①不純物がなく澄んでいるもの、②コップに注ぐ際に、油のようにゆっくり滴り流れるもの、③手につけて擦ると、香水のように心地よい香りを発するもの、④口の中で適度にかっと熱くなるようなもの、⑤4つの味、すなわちまろやかな甘さ、酸味、苦味、塩気が少々あるもの、⑥二日酔いの原因ともなる吐き気や頭痛を催さないもの、等々。これらの条件をクリアした最良質のカシャサが今では至る所で製造されている。

中でも国中で名を馳せているのは、パラチーのものを除いて、同じ南東部に位置するミナス・ジェライス州山岳部の、サリーナス市とジャヌアーリア市のカシャサかもしれない。北東部のセアラー州およびペルナンブーコ州産のものも一級品として知られている。しかし、日常的にブラジル庶民が愛飲するのは普通、品質面でもさほど見劣りもせず値段も手ごろな、大リーグの鈴木一朗選手の背番号と同じ「51」の名を持つカシャサのごときものだ。

## 飲み方次第でグラスも変わる

カシャサにはさまざまな飲み方がある。のみならず、そうした多様な飲み方によってグラスも変わる。ともあれ、まろやかでコクのある本物の喉越しを味わいたい向きにはストレートもよし。他方、フルーツジュース、ソーダ、ベルモット、コニャックなどで割って飲むのもよし。

そのなかで、ブラジル人の間でもっともポピュラーな飲み方はカイピリーニャ（caipirinha）だろう。「田舎娘」の意味を持つこの酒は、カシャサに潰したライムと砂糖を加えただけのものである。が、私のような上戸には砂糖は不要である。

このカイピリーニャの誕生を巡っては諸説がある。もっとも受け入れられているのは、スペイン風邪が猖獗《しょうけつ》を極めた１９１８年頃にサンパウロ州奥地でカイピリーニャは生まれたという説である。流行病と闘うために住民は、カシャサ、レモン、蜂蜜、ニンニクをベースにした民間療法を講じた。それが時の経過と共に、暑いときに一服の清涼飲料となるべく、ニンニクと蜂蜜が砂糖と氷にとって代わられ、今日のカイピリーニャになったとのこと。

カシャサ同様にカイピリーニャは、１９２２年の「近代芸術週間」の最中、ブラジル文化を表徴する意味で広範囲に飲まれていた。このことが、とくに１９３０年以降、ブラジルの津々浦々に拡大・消費される決定的な要因となったようだ。

## ナショナリズムを表出する手段でもあったカシャサ

植民期ブラジル、特に世襲制のカピタニア制度の下での砂糖文明が殷賑を極め、その立役者の一つになったのがカシャサである。しかし、事実上ブラジルの「発見」と共に発現し、国民的な酒になるまでの5世紀余りの歴史は、酒を巡っての植民地本国との戦いの歴史であったといっても過言ではない。

植民地ブラジルでカシャサが製造し始められると、本国のワインおよびバガセイラと競合関係になり、後で述べる17世紀に起きたリオのカシャサ製造者たちの暴動の要因ともなった。次第に普及するなか、ポルトガル王室は１６３５年、競合する自国のアルコール飲料を護るために法律を制定するまでに至る。

しかしながらその効力はなく、海外市場に向けてもカシャサの生産は大規模に行われ続けた。しかも、ブラジル同様にポルトガルの植民地であったアンゴラでは、長きに亘ってカシャサは奴隷売買の貨幣に代わるものとして通用していたのである。その後ポルトガルは、アルコールも含めてさまざまな産品の、植民地での独占販売を意図する目的で交易会社を設立した。しかしその甲斐もなく、非合法ながらなされていたカシャサの製造は相変わらず成功を収め続けていた。

これに業を煮やしたポルトガル政府は１６５９年、今度はランビキの破壊という強硬手段に訴えた。対するリオの市会議員たちは翌年、カシャサの製造を認めるようポルトガルに要求したが受け容れられず、たまりかねた蒸留酒製造業者たちは立ち上がり、リオの公権力を奪還した。俗に言う「カシャサ革命」である。こうした暴動が引き金になって、ポルトガルの摂政であったルイーザ・デ・グスマン女王は1661年、法外な税金を課しながらもブラジルでのカシャサの製造・販売を認めた。この背景には、ブラジルから追放されたオランダ人が、アンティール諸島に持ち込んだサトウキビの生産が隆盛し、良質の砂糖が生産され、競合を生んだことも看過しえない。女王によるカシャサ製造と販売の放免によって、カシャサの製造は至る所でなされるようになった。そして、リオ南部の主要な港の一つであったパラチーには100以上のランビキが集中して、一大カシャサ製造地となった。

17世紀以降、カシャサはブラジルにとって砂糖同様に経済的重要性を増した。これに併行して、カシャサの消費量も増大し、ポルトガルからの独立の気運が高まる19世紀の初頭にあっては、ブラジル性（brasilidade）の象徴にまでなった。であるから、カシャサで乾杯することはナショナリズムを表出する手段でもあった。従って、カシャサを飲まないものは逆に、反愛国的な烙印を押される風潮さえあった。政治的独立から1世紀を経た1922年の、従来の模倣に過ぎない自国の文化の有り様を問い質し、ブラジル性を希求・標榜した近代主義者たちも同じく、カシャサを国の表徴として位置づけ、公の場での喧伝に腐心した。

こうしてみる限りカシャサは、5世紀に亘る歴史の節々で重要なエレメントとなり、その意味ではブラジルの歴史を作り変えたと言ってもよい。カシャサは、インディオ狩りや金・ダイヤモンド発見のために内陸部に出向いたバンデイランテたちを元気づける飲み物であったし、他方において、先述の通り、アフリカの奴隷を購入する貨幣的な役割も果たした。のみならず、それが証左しているのは、ブラジルの政治的独立と「近代芸術週間」の時点においては特に、ナショナリズムの高揚という観点から、ブラジル性をもっとも表出したものになったことだろう。

## ブラジル国民の間で常飲されるカイピリーニャ

ブラジル国民の間で階層を問わず愛飲されている、カシャサをベースに作られるカクテルの一種であるカイピリーニャ（caipirinha）。にもかかわらず、このアルコール飲料がどのように生まれたかについては、あまりよく知られてはいないが、これを巡っては他にも説がある。植民地時代に、リオの沿岸のパラチー港で下船もしくは乗船していた乗組員たちが、ビタミンD不足から発病するくる病と闘うために、カシャサにレモンを混ぜて飲んでいたというのもその一つ。

奥地探険隊員と関連する説では、ブラジル内奥部への長旅の間、彼らもまた、熱帯病から身を護るために、フルーツや蜂蜜をカシャサに混ぜて飲むのを好んだことによるもの。『カイピリーニャ──ブラジルの精神、味、色彩』の著者ジャイロ・マルチンス・ダ・シルヴァは次のように綴っている。

ある朝、探険隊員パスコアル・モレイラ・カブラル・レーメは、カシャサに混ぜる蜂蜜がないのに気づき、二人のインディオに対して密林からそれを取ってくるように命じた。果たして、彼らは両手から溢れんばかりの黄金色の蜜を持って戻った。探険隊はかくしてそこに留まった。そして１７１９年、その逗留地にクイアバーが建設された。

１９２２年の「近代芸術週間」はカイピリーニャを考える上で黙過できない。何故なら、それ以来、カイピリーニャはカシャサと共にブラジルの文化を表徴する存在となったからである。そして、１９３０年代に至ると、ブラジル中に拡がり、国民の間で広範に飲まれ始める。そして昨今では、日本も含めてその愛飲家も少なくない。その意味では、ブラジル国外でも知れ渡るアルコール飲料となった。

サトウキビ畑の朝《あした》りんりんと長い花軸を繰ってゆく風

貯水池の花軸の穂《すい》は醸造のプロセス経ればカシャサと呼ばれる

Column
コラム

## 「カイピラの小さな汽車」の曲に乗り田舎娘のグラスが踊る

### 旅の途中の51《シンクゥエンタ・ウン》

サンパウロから高速バスで約二時間。カンピーナスという大学都市がある。大学近くのバールですすめられた一杯のグラスには、薄くスライスしたレモンが何枚も浸っていた。カイピリーニャというカクテルで、蒸留酒カシャサに砂糖とレモンを加えたものだそうだ。甘くて口あたりがよく、添えられたスティック状のセロリとの相性も上々だ。二杯目がほしくなった。炭酸水で割ってみたいな。店内にはヴィラ＝ロボスのクラシック音楽が流れている。

カイピリーニャが国民酒と言われる所以が、ブラジルを旅するとよくわかる。街のバールはいうまでもなく、アマゾンやパンタナルに至るまで、ポウザーダ（宿）の主人に「カイピリーニャ」と言うだけで通じる。

国内線を乗り継いだ空港で、ひとりのブラジル人女性が話しかけてきた。サンパウ口で歯科医をしているという彼女は日本語が少しわかる程度で、話すよりも聞き取りが難しいから日本語でたくさん話しかけてほしいと言う。カイピリーニャの作り方を尋ねると、「それはカシャサ」。少し間をおいて「51」と答えた。すなわち、カイピリーニャというカクテルをつくるにはカシャサという酒が必要で、その酒の銘柄がシンクウエンタ・ウンという意味だ。「ありがとう」と言うと「さよなら」と応えて、彼女は別の国内線を乗り継いでいった。
　そのカシャサ51を旅の途中で買うことになる。

自家製のカイピリーニャの一滴がスライスされていくような午後
心地良きアルコール度に諾って明日へのための時間を仕舞う
くるくると古新聞紙にあっけなく包《くる》まれて買う51《シンクゥエンタ・ウン》

◎参考文献

田所清克「ブラジルの国民酒カシャサとインディオの口噛酒（くちがみしゅ）カウインの製造法」（vesta 85号、味の素食の文化センター、２０１２年）

# 第11章　言葉

## ブラジル理解の一助となるトゥピー語

16世紀以前のブラジルには、５００万から６００万ほどのインディオ《先住民》が居住していた。だが、５００年に及ぶ歴史過程、わけても植民地時代の初期において、正当戦争という名の下での異民族による虐殺や奴隷狩り、同化政策、さらには西洋人がもたらした疾病等によって人口は激減した。そして今や、この国の全人口（約2億９００万人）のわずかに０・４％ほどを占めるに過ぎない。にもかかわらず、社会史家にして人類学者であるジルベルト・フレイレも『大邸宅と奴隷小屋』の中で力説している通り、インディオがブラジルの社会や文化に果たした役割とその影響は決して少なくない。

ブラジルに留学した折に筆者は、そのことと合わせて、来着したポルトガル人植民地開拓者との間のコミュニケーションの媒体となった先住民族の言語の一つであるトゥピー語の、ポルトガル語に与えた影響の深さについても改めて思い知らされた。事実、ブラジル「発見」からほぼ2世紀半の間、アマゾンのマラジョー群島から南部の大西洋沿岸にかけて話されていたトゥピー語、厳密には古トゥピー語（tupi antigo）と、トゥピー語を主体とした混成語のリングア・ジェラル（lingua geral）は、少なくとも植民者とトゥピー系民族との間の共通語となり、後のブラジルのポルトガル語にも測り知れない影響を及ぼすこととなった。

ことほど左様に、アフリカ言語同様にトゥピー語の存在とその影響は、ブラジルのポルトガル語を考える上で看過し得ないものがある。アフリカ言語、中でもヨルバ語およびバントゥ系出自のそれが、どちらかと言えば音韻や形態面で顕著であるのに対して、トゥピー語の影響は語彙面で際立っている。地名はむろん、動植物相、自然現象、信仰、道具、食物や料理（法）など多方面に亘るそうした語彙がいわば国語化して、現に辞書の中に収められている。ブラジルを訪ねられた人であれば、ポルトガル語とはいささか異なる綴りの語彙と発音に特色のある、トゥピー語の存在に気づかれた方もおられるかもしれない。

周知のように、日本ではかつて東北地方までアイヌの人たちが住んでいた。しかしながら、私たちの多くは、彼らの文化や社会全般についての認識がほとんど皆無に等しい。しかも、単一民族的な発想の下に同化した民族として捉え、アイヌ民族の存在そのものも看過していた印象を否めない。現在も彼らが暮らす北海道の地名の半数近くがアイヌ語出自と言われるにもかかわらず、である。ともあれ、アイヌ語の例のように、ブラジルの地名が少なからず広大な地域を占有していた民族の言語、わけてもトゥピー語出自であったことはもはや驚くに足りない。
『ブラジル語』（*A Lingua do Brasil*）の著者であるグラッドストン・シャーヴェス・デ・メーロは、アフリカ言語との関連においてトゥピー語が、語彙面でブラジルのポルトガル語を豊かなものにしたことを形容して、アフリカ言語の影響が垂直的であるのに対して、インディオのそれは水平的であると述べている。ちなみに、後ほど引例するがその国語化したトゥピー系の言葉は、通説では５０００語にも及ぶらしい。

ところで、ブラジル「発見」当初のポルトガル国家の関心はもっぱら、香料貿易の対象となる東アジア方面に向けられていた。その点で、ブラジルでの植民事業が具体的に始まるのは、放擲《ほうてき》していたその大地が他のヨーロッパ列強に占拠・支配される危機に晒されるようになってからである。染料となるパウ・ブラジルの採集やサトウキビ栽培に取り組み始めたポルトガル人たちはかくして、自らのイベリア文化を移植しつつ、新世界の地に新たなポルトガル熱帯文明（Luso-Tropicologia）の創出という壮大な夢の実現に挑むこととなる。彼らは来着するや否や、大西洋沿岸のトゥピー・グアラニ系の民族、例えば人喰い人種のトゥピナンバー族、ジョゼー・デ・アレンカールの手になるインディアニスタ小説『イラセマ』（*Iracema*）の作品の中で敵対する部族として登場する、ポチグアラ族とタバジャラ族などに遭遇する。そして、これらの先住民族と接触・交流する過程で、支配する側でありながら彼らポルトガル人たちは、先住民に較べて数が圧倒的に少なかったことから、古トゥピー語を自ら使用することを余儀なくされる。

かくして〝ブラジル語〟、つまり古トゥピー語は、16世紀から17世紀の中葉まで共通語としての役割を果たし、輸入されたアフリカの黒人奴隷たちが使用していた。しかし、17世紀の第二半期に至ると、リングア・ジェラルに取って代わられた。結果として古トゥピー語は次第に廃れてゆく。そのリングア・ジェラルさえも、1758年にマルケース・デ・ポンバル公爵によって使用が禁じられると衰微の一途を辿り、ポルトガル語が初めて公用語として機能するようになる。すると、全盛期には広範囲に亘って話されていた南東部のリングア・ジェラル・パウリスタ（língua geral paulista）も、20世紀初頭に至ると内陸部に限定され、いつしか消滅語としての運命を辿る。

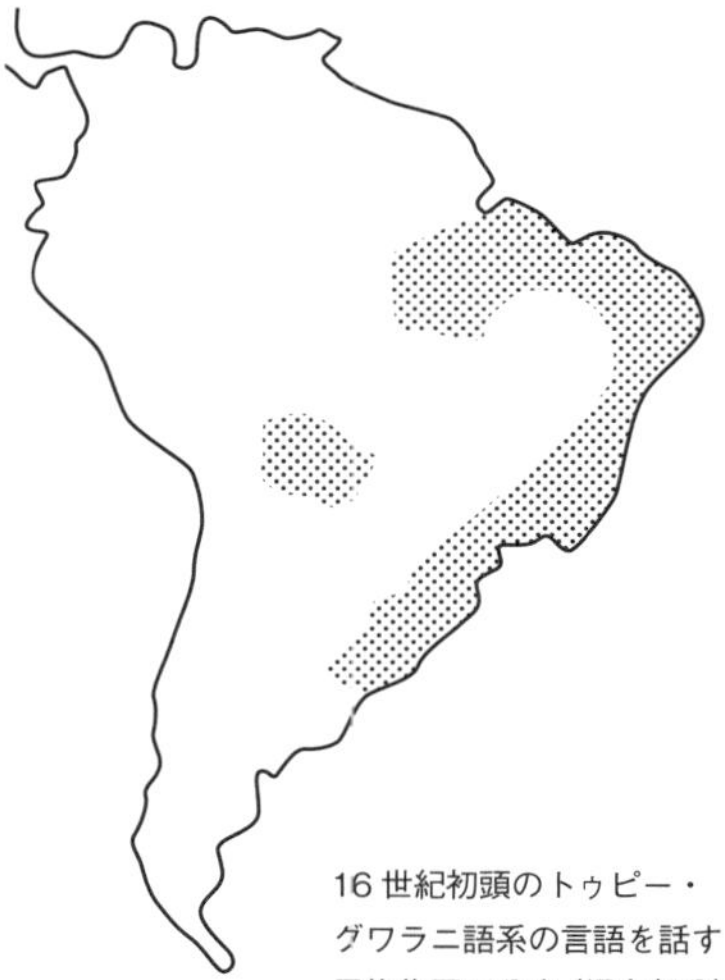

16世紀初頭のトゥピー・グワラニ語系の言語を話す民族集団の分布（網点部分）

アマゾンにはリングア・ジェラル・パウリスタとも対置される、トゥピー語系統から派生したトゥピー・グワラニ語族に属するニェエンガツ（nheengatu）がある。これは、北部もしくはアマゾンのリングア・ジェラル（língua geral setentrional ou amazônica）から発展して19世紀に形を成したと言われている。トゥピナンバー語が出自とも解されるそのニェエンガツの場合は、消滅した南東部のリングア・ジェラルと違って、かなり変容したものになっているが、つい最近までマデイラ川流域の部族の間では話されていた。

ところで、数は研究者によってかなりばらつきはみられるがブラジル地理統計院［ＩＢＧＥ］の２０１０年の国勢調査（Censo）に基づけば、ブラジルでは現在２７４もの異なる言葉や方言が、およそ３０５のインディオ民族集団の間で話されている。そうしたあまた存在する先住民族を、植民地期当初のポルトガル人たちは、２つの民族、すなわちトゥピー族あるいはトゥピナンバー（Tupinambá）と、トゥピー族が〝仇敵〟ないしは〝野蛮〟の意味で称していたタプイア族（Tapuia）のみに区別して認識していた。加えて前者を、言語と慣習に類似性のある大西洋沿岸に居住する民族として、対する後者を、イエズス会士たちが〝リングア・ジェラル〟、あるいはジョゼー・デ・アンシエッタ神父が言う〝ブラジルの沿岸でもっとも使われる言語〟を話さない、他の民族集団として捉えていた。

インディオの言葉を系統的に分類するのは容易いことではなさそうである。それかあらぬか、これまでなされてきた分類を巡っては、研究者の間で見解が異なる。とは言え、孤立語や分類できない言語を除いて、基本的には４つの系統の祖語、すなわちトゥピー（Tupis）、マクロ・ジェー（Macro-Jês）、カリブ（Carib）、アルアク（Aruaques）に分類するのが通説となっている。中には、多くの言語を抱える前者２つのみに分類する説があるのも事実である。

大西洋沿岸一帯と一部内陸部で話される、トゥピー系統に属するトゥピー・グワラニ語族の話し手は、ブラジル一国にとどまらない。それはコロンビア、ペルー、パラグアイといった南米の多くの国々に広く及んでいる。マクロ・ジェー系統の言語使用地域はブラジル中央高原に一点集中する。シャバンテ族やボロロ族がその代表的な話し手である。それに対して、カリブ系統の言語使用の地域分布は、スリナム、フランス領ギアナなどの南米大陸北部のギアナ高地界隈にみられる。ブラジルで言えばそれは、アマゾン州北部のロライマ州やアマパー州域に該当する。残るアルアク系統の言葉は、中西部をも含めた、マラジョー群島とアマゾンのギアナ地域で話される。

その中にあって、トゥピー語を祖語とするトゥピー・グワラニ語族の場合は、他の3つの系統の言語に較べて方言にあまり大差がないと言われる。このことに加えて、トゥピー語を話すインディオの居住地域と、ポルトガル人の植民活動拠点とが重なっていたことが、共通語になり得た最大の事由であると思われる。ルジタニア［ポルトガルの別称］の地で形成された、ロマンス語の一翼を担う古ポルトガル語。その言葉を話す支配者たるポルトガル人植民者たちが植民事業を開始するに当たって、自国語ではなく被支配者（インディオ）の言葉を双方の日常のコミュニケーションの道具として用いたことに、前述の事由があるにせよ、怪訝な印象を覚えるのは筆者のみであろうか。何故なら、支配する側の者は通常、被支配者に対して自国語を押し付けるのが普通だからである。

翻って、19世紀後葉から20世紀初葉の時代にかけて、傑出した知識人の一人にアフロ系のテオドーロ・サンパイオがいる。その彼の手になる重要な著作の一つに、ブラジルの社会形成、わけてもトゥピー語について論じた『ナショナル・ジオグラフィーにおけるトゥピー』(*Tupi na Geografia Nacional*)がある。この書で著者は、マメルーコ(mameluco)［インディオとポルトガル人の混血］にして、インディオ狩りと金・ダイヤモンド探索の目的で内陸部へ出向いたバンデイランテの存在に刮目する。そして、トゥピー語とリングア・ジェラル、とりわけ後者を広域に流布した彼らの役割について特筆大書している。著者の言説を借りれば、普段はポルトガル語を使うことのなかったマメルーコたちこそが、出向いた先々でリングア・ジェラルを広める立役者であった。結果として、彼らを介してポルトガル人の間でもリングア・ジェラルが定着することとなった。ちなみに、ポルトガル人の子弟たちはそのこともあってか、母国語は学校で習ったとのこと。

このように、リングア・ジェラルは18世紀中葉になって支配者の言語にとって代わられるまで、いわば植民地ブラジルの公用語的な役割を果たした。従って、植民当初から布教目的で来着したイエズス会の神父は当然のこと、植民地開拓者までもがインディオの言葉を習得することに励んだ。1562年のトレント宗教会議に則り礼拝活動ではラテン語の使用が義務づけられていた。にもかかわらず、神父たちは布教のためにトゥピー語の使用を断念することはなかったようだ。それどころか、伝道者で詩人でもあったジョゼー・デ・アンシエッタ神父の場合は、布教に向けての必要性からインディオの言語を習得することの重要性を痛感して、『ブラジルの沿岸でもっとも使われる文法術』（*Arte de Gramática da Lingua mais usada na Costa do Brasil*）さえ刊行している。他方、アズピルクエッタ・ナヴァーロ神父は、古トゥピー語で最初の宗教歌を作曲している。

インディオのトゥピー語ゆかしきこの国に逸話埋《うず》めて耳を立たせて
トゥピー系語彙《ごい》のびやかに地を這えば声のごとくに国語化しゆく
トゥピー語のルーツに過る蝦夷の国　金貨みたいにアイヌの静寂

## 国語化したインディオの言葉

ここまでリングア・ジェラルが衰微した事由について部分的に触れたが、ここからは歴史過程に沿ってもう少し立ち入って言及したい。

17世紀初頭に至ると、バイーアやペルナンブーコのような植民事業が拡大・発展している地域にあっては、ポルトガル語に対する認識と必要性がとみに高まった。これに呼応して、リングア・ジェラルの重要性は相対的に薄れ、次第に公の場からは消えた。すると、リングア・ジェラルはもっぱら家庭間のコミュニケーションの道具になり果てるのである。

廃れるようになった事由については、植民地本国の政治的意向と合わせて、リングア・ジェラルの使用を支えていた社会や経済情況にその一端を求めることができよう。イエズス会の布教活動が衰退する流れのなかで、対象とする奴隷労働力がインディオから黒人に取って代わったこと。さらには、18世紀初頭の金やダイヤモンドの発見がポルトガル化を一挙に推し進め、ポルトガル人を招来したことなどはその一例である。しかし、何はともあれ、反イエズス会キャンペーンの一環として、先述のポルトガル宰相のマルケース・デ・ポンバル公が強硬に推し進めた、ポルトガル語使用の義務化という国家政策が主たる事由であったことは言を俟たない。結果として、都市部ではとうに廃れて、内陸部でのみ生き残っていたリングア・ジェラルも次第に死語化して、きわめて限られたアマゾン地域でのみ通用するニェエンガツを残すのみとなった次第。

ところで、ブラジル文学でいう前近代主義時代に、リマ・バレットによる『ポリカルポ・クアレズマの悲しい最期』(*Triste fim de Policarpo Quaresma*)なる傑作がある。それは、ブラジルにおけるトゥピー語の公用化の問題を主題とし、文化ナショナリズムの視点から正面切って描いている点で意味深長である。本稿を論じる上では黙過しえないので、紙面を割いて紹介する。

作品の中で主人公として登場する小役人のクアレズマは、外国嫌いの国粋主義者として描かれる。過度に毒され、いわば外国化した自国の社会と文化にやり切れない思いの主人公は、連邦議会に対してトゥピー語をブラジルの公用語にする旨の嘆願書を送付する。ところが、そうした彼の意向は一笑に付されるばかりか、一見、突拍子もない荒唐無稽な発想からの行動は衆民の物笑いの種にさえなる。そして、正気の沙汰ではないとまでみなされ公務員の職を解かれた挙句、結末では精神病院に送り込まれて最期を遂げる。大まかな筋書きは以上の通りである。

このリマ・バレットの作品はあくまでフィクションである。がしかし、トゥピー語およびリングア・ジェラルがブラジルでは、18世紀の中葉までは民衆語的な役割を果たしていた事実を考えれば、あながち根も葉もないストーリーであると断言できるものでもない。むしろ逆に、作者の意図する主題がノンフィクションさながらに真実味を帯びた印象を覚えるのは筆者のみであろうか。

もし少数派であった植民地期の初めにポルトガル人が植民事業に失敗し、ポルトガル文明をブラジルの熱帯世界に構築し得なかったとしたら、果たしてポルトガル語は公用語になり続けていたのであろうか。清教徒（ピューリタン）たちは、永住を覚悟のうえでメイフラワー号に乗船、「約束の大地」米国を目指した。対するポルトガル人開拓者たちと言えば、あくまで収奪・搾取の発想の下、〝故郷に錦を飾る〟ために一攫千金の夢を抱いて新天地に出向いた者が少なくなかった。従来からカピタニア制度によって広大な大地が実効支配されてはいたが、18世紀以降、もしポルトガル植民者たちが、継続的な植民事業の実現に手を焼いて放擲し、失意と諦めの気持ちから本国に帰還していたと仮定すれば、ポルトガル語の情況は相当変わっていたかもしれない。その結果として、住民の多数を占める流通度の高かったトゥピー語が公用語になった可能性もあり得る話だ。

ともあれ、今では国語化した非トゥピー系統の言語を含めた多数のインディオの言葉が辞書の中に収められている。といっても、その大半はトゥピー系統のものである。そこで、ほんの一例にすぎないが、この言語系統の語彙を取り上げてみたい。接頭辞さながらに語頭の caa, i, pira はそれぞれ森、水、魚を、翻って接尾辞的な語尾の oca, tinga, tu は、家、白い、良い、を意味する。こうしたわずかなインディオの言葉に対する知識を多少なりとも持ち合わせていれば、ブラジルの旅も楽しさが増し、と同時に、この国の理解にもつながるだろう。

政策にさまよう言語さりさりとリングア・ジェラルの消えてゆくまで

インディオの祖語たおやかにあるらしい接頭接尾を淡くおさめて

言の葉は時空を寄せて夕暮れにノスタルジアの一木となる

| ポルトガル語の意味 | 複合語を含めた語彙の形態とその意味 | トゥピー語本来の意味 |
|---|---|---|
| **地名・場所** | | |
| Botucatu（ボトゥカツ） | ybytu ＝風 +catu ＝良い | 良い風 |
| Curitiba（クリチバ） | kuri ＝松 +tyba ＝豊富 | 豊かな松林 |
| Guanabara（グワナバラ湾） | gua ＝入江 + na ＝似ている + bará ＝海 | 海のような入り江 |
| Ibirapuera（イビラプエーラ） | ibira ＝樹、材木 +puera ＝過去にあり、今は存在しない、倒れた木 | 昔あった木、倒木 |
| Iguaçú, Iguaçuú（イグアス） | i ＝水 +guaçú または guassú ＝大量の | 大量の水、大きな川 |
| Ipanema（イパネマ） | i ＝川 +panema ＝汚い、悪い | （魚のいない）汚れた水 |
| Ipiranga（イピランガの丘） | i（または y）＝川 +ranga＝赤色の | 赤い川 |
| Maracanã（マラカナン・サッカースタジアム） | maracá-nã ＝鈴や拍子木のような騒音をたてるところのもの、または paracau-aná ＝一緒にいるオウム》 | |

| | | |
|---|---|---|
| Marajó（マラジョー群島） | mara または mbara ＝海 +jó,yó ＝遮蔽物 | 遮蔽された海 |
| **人名・市民、架空の物** | | |
| caipora, caapora（カイポーラ、神話上の化け物） | caá ＝森 +pora ＝人 | 森の住民 |
| carioca（リオ市民） | kari ＝白人 + oka ＝家 | 白人の家 |
| Iracema（J・アレンカールの作品のヒロイン：イラセマ） | ira または irá ＝蜜または唇 +cema ＝出ること | 蜜の出ること、蜜のしたたる唇、蜜蜂の群れ |
| **動植物相** | | |
| capivara（カピバラ） | kapi ＝草 +uara または guara ＝食する | 草を食む |
| piranha（ピラニア） | pirá ＝魚 +ãi ＝ハサミ | ハサミを持った魚 |
| pirarucu（ピラルクー） | pira ＝魚 +urucu ＝赤色の | 赤色の魚 |
| poraquê, poroquê（電気ウナギ） | pora ＝人、者、物 + quê ＝麻痺させる、眠らせる | 眠らせる者、物 |
| sucuri, sucuriú（アナコンダ anaconda） | çuu ＝噛みつく +curi または cori ＝素早く | 素早く噛みつく |
| mandacaru（カアチンガ一帯に植生するサボテンの一種） | manda ＝多い +caru ＝棘 | 棘の多い |
| pindorama（ピンドラーマ［ブラジルの別称ともなっている］） | pindo ＝ピンドヤシ + rama ＝地域 | 椰子の木のある土地 |

| | | |
|---|---|---|
| **言語、食文化** | | |
| cauĩ, cauim, cauí（酒） | cauim ＝醸造酒 | 火酒 |
| pipoca（ポップコーン） | pi（ra）＝皮、表皮、革 +poca ＝弾ける | 弾ける表皮 |
| moquém（バーベキュー用の木の枝の格子） | mokaê ＝炭火で焼く | 焼肉、焼魚のための木の枝で作った格子状のもの、木製の格子で焼いた肉 |
| nheengatu（ニェエンガツ） | nheenga ＝言葉 + tu ＝良い | 良い言語 |
| **自然地理** | | |
| capão（原野にある茂み） | caá ＝森 +pãu ＝島 | 森の島 |
| caatinga（北東部の半乾燥地帯特有の有刺植物から成るビオマ） | caá ＝森 +tinga ＝白い | 白い森、まばらな森 |
| igarapé（細い運河） | ygara ＝カヌー、小船 + apé ＝水路、通路 | カヌーの道 |
| pororoca（アマゾンの河川で発生する満潮期の水の衝突による逆流象現：ポロロッカ） | 出自は動詞の pororog の現在分詞である pororoka | 轟く、鳴り響いている |

# 第12章　再生可能エネルギー

## バイオマス発電で世界をリードするブラジル

　地球の温暖化に歯止めをかける目的で、炭酸ガスを規制するパリ協定からトランプ大統領が離脱する表明を行ったことは世界の人々から驚きをもって受けとめられていた。温暖化に基因すると思われる巨大台風などの発生で今や、化石燃料の使用を減少する方向に転換するのは国際社会にとって喫緊の課題であることは疑う余地がない。

　そうした中にあって、再生可能な資源エネルギーへの投資は幸いにして年を追うごとに拡大している。ちなみに２０１４年当時と較べると、２０１７年の投資額は5倍に飛躍している。

ブラジルが資源大国であることはこの日本でもよく知られている。しかし、この国が世界の産油国で、しかも世界ランキングで10番目の位置にあるのをご存知の方はそうおられないかもしれない。ブラジルの国家石油・天然ガス・バイオ燃料監督庁（ＡＮＰ）の報告によると、２００７年からすれば２０１６年の原油生産は42％増加し、一日当たりの生産量は１８０万バレルから260万バレルへと推移している。生産量の増加は、プレサル［岩塩層の下に埋蔵する原油や天然ガス］からの採掘が加わったことによる。

原油の埋蔵するプレサルは、エスピリト・サント州からサンタ・カタリーナ州までの海岸に沿って800キロまで拡がっていると言われる。このように石油産出国であることからか、ブラジルにおいて発電に占める石油エネルギーの割合（36・5％）は、世界平均（31・5％）からすると少々高い。しかしながら、サトウキビ、トウモロコシ、木材等の、いわゆるバイオマス［化石燃料を除く、有機性のエネルギー資源］（29・9％）、水力資源（12・6％）の活用では世界でも群を抜く。参考ながら、世界平均は、石油に次いで、石炭（27％）、天然ガス（22・1％）、バイオマス（10・1％）、水力（2・6％）となっている。ちなみに、世界の太陽光発電および風力発電については、2010年から2016年の間に倍増したが、ブラジルの場合はそれに輪をかけて、わずか7年間で12倍にまで増加した。

ともあれ、世界平均との比較から明らかなことは、石油を唯一の例外としてブラジルは、再生できない石炭や天然ガスの使用を減らし、それに代わるバイオマスと水力資源に依存していることだ。その再生可能な資源の割合が12・7％の世界平均からすれば、ブラジルの場合は特筆すべき数値の42・5％である。ここにクリーンエネルギー消費を目指し、世界をリードするブラジルのもう一つの一面がある。

Column
コラム

# 無限の知力

体格の良い青年の片手がぐいと持ち上げたのは、リュックサックから取り出したバイオマス薪の一塊だった。「持ってみますか」。そつのない口調にわたしの両手がとっさに動いた。両の手に受け取ったその塊《かたまり》はずっしりと重い。サトウキビの搾りかすから作られる人工薪は、薪ストーブの燃料となるペレットの元の姿だ。

バイオマス薪の製造に従事して一年と言う彼は、過酷とまで言わないが、と前置きをして、現地労働者の実態を話してくれた。作業所（拠点）は内陸にあり、通うことが先ずきついという。それでも片道120キロを往復する日が続いたりするそうだ。あらためてバイオマス薪を手にすれば、その重量感には何かが凝縮されていた。製造過程に込められている労働者の体力にも優る知力。やがてこの一塊は加工され、やわらかな炎となってどこかの地で燃え尽きるだろう。

手のひらのゆるき発熱じんわりと体幹に触れてバイオマス薪

サトウキビ畑の向こうひっそりと佇む村の今日の賑わい
湖のかたちは円くあまやかに入り日に溶けるかのようにあり
ペレットの暖《だん》うけとれば面構え好《よ》き雲ながれる南米の空
内陸の拠点に生きる男らの背丈は無限の知となりぬべし

# 終章　日本人移民百十年記念の年に

## ～新たなブラジル文化・文明に参画する日系ブラジル人～

１９６０年頃だったと思う。当時、小学生だった私の同級生一家がブラジルに渡った。「地球の反対側に行くんだって」と、クラス中が大騒ぎして彼を見送った。とっちゃんと呼ばれる小柄で成績の良い彼の家は、何かの工場を営んでいたので誰もが「お金持ちだから外国に行く」、そう言いあった。移民の意味を知ったのは、それからしばらく後のことだが、当時からブラジルという国をぼんやり想像していた。

昨年（２０１８年）は、最初のブラジル日本移民がサントス港に着岸してから１１０年という節目の年であった。これに伴い、ブラジルはむろん日本においても、それを記念する各種の行事が催された。

その一世紀あまりのブラジルへの移住史を極言すると、大きく３つの段階に分けられるかもしれない。第一段階は、１９０８年から１９５０年までの、いわば日本社会の延長線上として捉えられた「在留民」時代。続く第二の段階は１９５０年以降の「コロニア」時代。つまり、移民としての歴史体験を共有しながら、移民が一つの運命共同体的なものを形成する過程の頃。第一段階から第二段階への移行は、日本人から日系人への帰属意識（アイデンティティー）の変容もしくは転換を意味する。そして最後は、特に日系三世以降の、高まる他の民族との混血化のプロセスを通じて、日本出自としてよりはブラジル人としての自覚の下に、この国の社会に完全に一体化・同化した段階を指す。

ともあれ、第一段階にあっては少なくとも、石川達三の作品『蒼氓《そうぼう》』（新潮文庫）を引き合いに出すまでもなく、日本移民は国策として半ば棄民のように農業労働者として送り込まれた。そして、踏み入れた農園もしくは開拓のために入り込んだ原生林で彼らを待ち受けていたのは、苦難以外のなにものでもなかった。しかも、時代が下ると黄禍論が声高に叫ばれるなかで人種偏見と差別の対象となるばかりか、戦時中は敵国民として人権迫害の憂き目にも遭った。加えて、戦後は同じ日本人の血を引きながら、母国の敗戦を事実として受けとめず負けを信じない「勝ち組」と、敗北を認める「負け組」との間で抗争が熾烈化して、死傷者を出すまでの惨事に至っている。にわかに信じ難いこの事件は究極のところ、日系移民社会を二分することとなり、今も日系ブラジル人の間にトラウマとなって尾を引いているように感じられる。

この辺の事情については、ニッケイ新聞編集長である深沢正雪氏の手になる優れたルポルタージュともいうべき『「勝ち組」異聞』（無明舎出版）がある。そこではブラジル日本人移民史全般に関しても詳述されており、この種の研究に関心のある者にとっては好個の必読文献である。

こうしてみるかぎりにおいても、とくに初期移民および二世の人たちはブラジルの地において、筆舌に尽くしがたい塗炭の苦しみを味わった。そうした彼らがどん底から這い上がり、艱《かん》難《なん》辛苦を乗り越えながら地道に努力した結果、今や200万人近くの世界最大の日系社会が「ピンドラーマ（＝ブラジル）」の地に現出している。これに呼応して、社会の一員たる日系ブラジル人に対する国民の期待度も小さくない。そして事実、彼らは期待に応えつつ各方面でこの国の社会、経済発展に大きく寄与している。その最たるものは社会学者ルッチ・コレア・レイテ・カルドーゾが指摘しているように、人口統計学に由来するものではなく、経済学的な役割、なかんずく農業面での卓越した貢献だろう。今日のブラジルの食卓に上る野菜や果物などは、日系ブラジル人の手になるものが少なくない。その一方で、彼らの設立した農業団体であるコチア産業組合は、この国の組織運営のあり方に一石を投じて影響を与えたのである。

それかあらぬか、国籍はブラジル人であっても、遺伝子に組み込まれた日本人的な国民性ともいうべき真面目さや勤勉性等によって彼らは、周知のようにブラジル国民の間では「信頼される日本人（ジャポネース・ガランチード）」（japonês garantido）として高く評価されている。ブラジルがすこぶる親日的である背景には、そうした初期移民以来の日系ブラジル人たちの全幅の信頼を寄せられるだけの人望とたゆまぬ尽力があったことを、私たちは忘れるべきではないだろう。

先述の石川達三は昭和5年、移民と共に「ラプラタ丸」に乗船してブラジルの地を踏んでいる。そして、サンパウロのコーヒー農園、リオ、エスピリト・サント州の州都ヴィトーリア、アマゾンなどを訪ねて見聞・体験したことを『最近南米往来記』（中公文庫）に綴っている。ちなみにこれは、後の第1回芥川賞『蒼氓』を生む契機となる記念碑的な第一作と言えるものである。前述の全幅の信頼を勝ち得た日本移民についての関連で言及すると、作品の中で耳目を引くのは、石川達三が、日本人の優秀性を賞賛し日本移民の渡来を促し歓迎する趣旨の、ブラジル政府高官であったカルヴァーリョ・バルボーザの「日本民族に告ぐ」の声明文を目次に当てて転載していることだ。

ところで、人口分布から捉えると、日系ブラジル人が多い点で抜きんでているのはサンパウロ州である。次いで、パラナー州、バイーア州、ミナス・ジェライス州となる。中西部のマット・グロッソ・ド・スールの州都であるカンポ・グランデは、別の意味で耳目を引く。何故なら、この地には他の地域に見られない数の沖縄県出自の日系ブラジル人が集住しているからである。

サンパウロ州、ことに市街地のガルボン・ブエーノ街界隈は、このところ日系人の人口減少の傾向がみられるものの、日本人の街といった感がする。日本料理店や日本の物を扱う商店が軒を連ね、観光地化している。しかも、この国の典型的な料理の一つであるシュラスコの店よりも寿司店のほうが多い印象で、観光客にも人気がある。このようにサンパウロは、他のどの地域に較べても日本文化の拠点基地的な機能を果たしており、発信度も高い。

ブラジルには100年以上に亘って築き上げられた「もう一つの日本社会」がある。それを証左するのには枚挙にいとまがない。どの地を訪ねても、日系ブラジル人の存在があり日本的な事象にも事欠かないからだ。その点とくに、ニッケイ新聞とサンパウロ新聞に代表される邦語紙や各種の日系文芸などの存在は黙過できないであろう。邦語紙にのみ限って言及すると、すでに廃刊した新聞も含めて、それらの新聞はブラジル国民の間に日本文化を発信・喧伝する意味できわめて重要な役割を果たしてきた。

だが残念ながら、年を追うごとに日本語読者層が減少し、将来の存続が危ぶまれている。日本に関する全般的な情報の提供のみならず、短歌や俳句などの文芸振興にも尽力しつつ日本語の普及や日本文化の発信に寄与してきたことを考えると、日本政府は率先して資金援助してバックアップすべきだろう。というのも、友好国であるブラジルにしっかりと根付きながら、これまで日系新聞が果たしてきた使命と役割は計り知れないほど大きいからだ。

話題を転じる。ブラジル経済が低迷し、日系ブラジル人が大挙して出稼ぎのために来日した時期がある。その時期から較べれば、在日の日系ブラジル人の数は減少傾向にある。しかしながら、母国の教育や治安事情等を案じて新天地を求めて来日する者も後を絶たない。日系ブラジル人出稼ぎ労働者の多くは、群馬県の大泉町や静岡県の浜松市などの特定の地域に集住していたが、最近では分散化の現象もみられる。その彼らにとっては相変わらず、言葉のみならず文化や習慣が大きく異なる日本での生活は、想像以上の障壁になっている。それはまさしく、日本移民が当初苦しんだブラジル社会への適応と同様の問題であろう。

そうした問題に葛藤・苦悩する日系ブラジル人に対して、教育をも含めた行政は、これまでに十全かつ誠意をもって対応をしてきたであろうか。最初のブラジル人出稼ぎ労働者の来日以来、この問題に取り組み、実際に大阪府の外国人相談コーナーのアドバイザーとして問題解決に当たった私の立場からすれば、行政の対応はまだまだ不十分で旧態依然の印象が否めない。彼らを単なる労働力としてではなく、人として受け入れ、付き合っていくべきではないか。その意味で私たちには、日系ブラジル人も含めて、外国移民とのコミュニケーションの有り様や共生の有り方が、いま改めて問われているような気がする。

１００年あまりの歴史過程を経て現在、ブラジルには日系ブラジル人が踏襲した日本人もしくは日本文化が有する高い受容性と可変性が、ブラジル文化の特徴である混血性と寛容性と合わさって、新たなブラジル文化と文明が創造されようとしている。と同時に、注目すべきは、そういう情況下にあってアニメや日本料理などに魅せられたブラジル人のなかには、日本文化に同化する現象も散見されることである。この一翼を担っているのが、新たな表象型（フェノタイプ）を持った日系ブラジル人であることを私たちはもっと認識してもよい。多文化社会に生きる彼らから学ぶヒントも少なくないはずだから。

＊本稿を書き終えた矢先の２０１８年12月下旬、「サンパウロ新聞」は廃刊となる。

もうすこし聞かせてほしい　連なった悲しい屋根のものがたりなど

異文化がアンビバレントに響きあう随筆集は風に泳いで

ポジティブな文学が生む品格にやさしい勝者と敗者のやさしさ

ブラジルの気流に乗ってたおやかな思惟を重ねた日系移民史

移民船疑似体験に向かい合う　心に沈む冬のあかるさ

海鳴りが風を束ねて野を抜けて夢の持続に春を運べり

藤村の記念碑はあり足跡を辿りゆきたしサンタ・クルースへ

愛らしい豊かな髪の人形が微笑んでいる遠くの窓で

遥かなるひかりの彼方ブラジルのどこかで誰かがおでんを煮ている

◎参考文献

深沢正雪『パラレル・ワールド』(潮出版、1999年)
深沢正雪『「勝ち組」異聞　ブラジル日系移民の戦後70年』(無明舎出版、2017年)
深沢正雪『移民と日本人　ブラジル移民110年の歴史から』(無明舎出版、2019年)
ブラジル日系文学会編『ぶらじる日系随筆選集』(2012年)

# あとがき

『菊と刀』の著者ルース・ベネディクトの例もあるにはあるが、地域研究の真骨頂はやはり、フィールドワークもしくは巡検を通じて、現地の実態を研ぎ澄まされた五感（見る、聞く、触る、嗅ぐ、味わう）によってつぶさに観察することにあるように思う。事実、地域研究の要諦は、客観的に裏付けられた実証性にあるのは疑いない。

民族地理学を基盤とするポルトガル語圏の地域研究を主な研究領域とする私が、これまで50回に及ぶ現地ブラジルでの文字通りのフィールドリサーチを実践してきたのも右の事由による。これまでに上木したブラジルの文化、社会、歴史等に関する著書、論稿ないしはエッセイはすべて、いわばそうした現地での巡検等の実践を通じて得た知見なり成果に他ならない。

ところで、対象とする地域でのフィールドワークを重視する点では、歌人でありながらコーヒー研究にも傾倒する玉川も変わりがない。文学的な営為の短歌であるとは言え、本文中で五感を駆使して詠われている、写実的な歌の一首一首は紛れもなく、手法の異なる地域研究の類だろう。

厳密な意味での地域研究と短歌の間には一見、何らつながりのないように思われる。それかあらぬか、地域研究と結びつけて詠った短歌など私は寡聞にして知らない。

しかし、本書で試みた双方の視座からの対象もしくは主題へのアプローチと取組みは、手前みそながら意外な成果となって発現しているような気がする。つまりそれは、ブラジルの自然や文化、歴史、社会等の個々の事象を論じた私の地域研究に対して玉川の短歌が呼応し、と同時にコラボするかたちで、新たなパースペクチブを持った二人によりこの国の姿が浮き彫りにされているからだ。

従来にはない独自でユニークな切り口からの、地域研究と短歌とを機能・結合させた本書を、読者の皆様にはもう一つのブラジル論として捉え読んで頂ければ幸いである。

末尾ながら、私どもに出版の機会を与えてくださり、刊行までの編集作業の過程で、微に入り細を穿って懇切なご助言とご教示をいただいた角川文化振興財団『短歌』編集長の石川一郎様、そして編集者の吉田光宏様に対して深甚の謝意を表します。

また、「ブラジル民族文化研究センター」の主任研究員である久保平亮君には拙稿を詳細に亘ってチェックしてもらった。

そして、玉川にとって短歌の恩師であり「未来短歌会」において長く謦咳《けいがい》に接している岡井隆先生にこの場を借りて感謝する次第です。また、広島大学大学院統合生命科学研究科の根平達夫先生にはカフェインについて丁寧にご教示いただいた。

最後に、珈琲短歌に賛意をお示しくださりコーヒーを学ぶ多くの機会をくださいましたＵＣＣホールディングス株式会社 グループ代表 代表取締役会長 上島達司様、ＵＣＣコーヒー博物館館長 山岡昭雄様および館員の皆さまに心より御礼を申し上げます。

田所清克

２０１９年7月吉日

EMBASSY OF BRAZIL
2-11-12 Kita-Aoyama
Minato-ku Tokyo (107-8633)

Ambassador's Office

**MENSAGEM**

Resultado de colaboração de dois importantes brasilianistas japoneses, este trabalho reveste-se de sofisticada fusão literária, para apresentar, com riqueza e abrangência, aspectos valiosos do Brasil e da formação de sua identidade nacional.

A obra perpassa por todas as cinco regiões brasileiras, pretendendo-se a tarefa desafiadora de interpretar, de forma ampla, a sociedade, economia e natureza do país, sem deixar de destacar elementos específicos dos mais encantadores da cultura brasileira. Café, cachaça, feijoada, música e festividades... Cobertos pelo Professor Kiyokatsu Tadokoro, são todos mantidos com carinho na rotina ou no imaginário de brasileiros e estrangeiros apaixonados pelo Brasil. O Professor se aventura, ainda, na exposição de facetas do país não tão conhecidas pelo público japonês, em geral: o Tupi-Guarani e demais línguas nativas; o folclore; e a liderança brasileira em energias renováveis, sobretudo em biocombustíveis.

Ao fechar com memorável epílogo em torno da celebração dos 110 anos dos vínculos humanos entre Brasil e Japão, o livro contribui para estreitar os laços de amizade que unem nossos dois países. É, portanto, uma homenagem importante para o nosso relacionamento bilateral, com vistas às comemorações dos 30 anos da comunidade brasileira no Japão, em 2020.

**Eduardo Saboia**
**Embaixador**

# メッセージ

重要な日本人ブラジリアニスト２名によるコラボレーションの成果である本作は、洗練された文学的融合をもって、ブラジルとその国家アイデンティティー形成の貴重な側面を豊富に且つ包括的に紹介しています。

本書はブラジルの５地方全てを辿りながら、国の社会、経済、自然について幅広く、そしてブラジル文化の最も魅力あふれる特徴的要素を浮き彫りにさせつつ解説するという課題に挑戦しています。コーヒー、カシャサ、フェイジョアーダ、音楽、祝祭…田所清克先生らによってそれら全てはブラジル人やブラジルを愛する外国人の日常生活またはイメージの中で、丁寧に描かれます。先生らは更に、トゥピー・グワラニその他先住民言語や民俗学、バイオ燃料を中心とした再生可能エネルギーにおけるブラジルの先進性など、一般的に日本ではあまり知られていないようなブラジルの一面を紹介するという冒険にも挑みます。

日本・ブラジル間の人的絆の110周年という記念すべきエピローグで結ぶ本書は、両国の友好関係強化にも貢献します。従って、2020年には在日ブラジル人コミュニティー30周年記念が迎えられる中、本作は二国間関係に対する重要なオマージュとなっています。

エドゥアルド・サボイア
大使

## 著者略歴

田所清克（たどころ　きよかつ）

1948年熊本県生まれ。京都外国語大学名誉教授。ブラジル民族文化研究センター主幹。大阪府外国人相談員アドバイザー。専門は民族地理学を基盤とするブラジル学。ブラジルの文化、文学、民族、地理に関する著書多数。主な著書に『ブラジル学への誘い　その民族と文化の原点を求めて』（世界思想社）、『ブラジル北東部の風土と文学』（金壽堂出版）、『ブラジル雑学事典』（春風社）などがある。

玉川裕子（たまがわ　ゆうこ）

広島大学大学院文学研究科修士課程修了。珈琲商社勤務を経てブラジルへ単身渡航。「コーヒー鑑定士」資格取得。朝日カルチャーセンター「コーヒー講座」、大手前大学公開講座などの講師を務める。ブラジル民族文化研究センター客員研究員。未来短歌会会員。著書に『赤いレトロな焙煎機　遥かなる南米大陸をめざして』（春風社）、『パンタナルの冒険』（田所・玉川共訳、国際語学社）など。

ワンダーランド ブラジル
5つのエリア 未知なる素顔と7つの魅力

2019（令和元）年10月30日　初版発行

著　者　田所清克　玉川裕子
発行者　宍戸健司
発　行　公益財団法人 角川文化振興財団
東京都千代田区富士見1-12-15　〒102-0071
電話 03-5215-7821
http://www.kadokawa-zaidan.or.jp/
発　売　株式会社KADOKAWA
東京都千代田区富士見2-13-3　〒102-8177
電話 0570-002-301（カスタマーサポート・ナビダイヤル）
受付時間11時～13時/14時～17時（土日祝日を除く）
https://www.kadokawa.co.jp/
印刷製本　中央精版印刷株式会社

Printed in Japan ISBN978-4-04-884255-6 C0095